Nicht wie meine Eltern

THOMAS & EILEEN PARIS

Nicht wie meine Eltern

Wie wir bei den eigenen Kindern die Fehler vermeiden, die unsere Eltern bei uns gemacht haben

Ein Ratgeber

Übersetzt aus dem Englischen von Christine Strüh

SCHERZ

Weil wir zwischen der Generation
unserer Eltern und der unserer Kinder stehen,
widmen wir dieses Buch beiden in Liebe

Die Originalausgabe erschien unter dem Titel
«I'll never do to my Kids what my Parents did to me» bei Lowell House, Los Angeles

1. Auflage 1999

Umschlaggestaltung: Elisabeth Petersen
unter Verwendung eines Fotos der Bildagentur Tony Stone, München

INHALT

Teil 2: Der Elternprozeß

Aus einem Paar werden Eltern – ein Geburtsprozeß

Mit Anfang zwanzig lernten wir uns kennen, und was uns zueinander hinzog, war sicher zum Teil das gegenseitige Verständnis für unsere jeweiligen schmerzlichen Kindheitserfahrungen. Obwohl sich die Umgebung, in der wir aufwuchsen, grundsätzlich unterschied, gab es da doch eine Gemeinsamkeit: Unsere Eltern hatten nicht zugelassen, daß wir unsere wirklichen Gefühle zeigten.

Das Buch *Summerhill – Theorie und Praxis der antiautoritären Erziehung* von A. S. Neill weckte in Eileen den Wunsch, mit Kindern zu arbeiten. Neills Respekt vor Kindern und seine Achtung vor dem Leben sprachen ihr ebenso aus dem Herzen wie Neills Überzeugung, daß Kinder mit Begeisterung lernen, wenn sie sich von den Erwachsenen anerkannt und unterstützt fühlen. Werden die Gefühle eines Kindes ernst genommen und respektiert, beginnt es, seine eigene Identität auszuformen. Und wenn Erwachsene dem Kind gegenüber ehrlich sind und einen offenen emotionalen Austausch zulassen, so kann es seine Unabhängigkeit entwickeln und lernen, mit anderen zu kooperieren und zu streiten.

Angesichts der Forderungen, die Neill erhob, erkannte Eileen, was in ihrer eigenen Beziehung zu ihren Eltern falsch gelaufen war, ja, sie fühlte sich von *Summerhill* so inspiriert, daß sie sich entschloß, sich beruflich im pädagogischen Bereich zu engagieren. 1966 wurde sie Lehrassistentin in der Midtown School von Los Angeles, einer alternativen Einrichtung für Kinder zwischen zwei und sechs Jahren.

Ihre Erfahrungen in Midtown beeindruckten Eileen so, daß sie Tom überredete, ebenfalls mitzumachen. Hier lernten wir – Tom und Eileen – Molly Edmundson kennen, eine der dortigen Lehrerinnen, die uns stark beeinflußte und uns zeigte, wie wichtig es ist, daß ein Kind sich von innen heraus entwickelt und ihm möglichst wenig von außen aufgezwungen wird. Von Molly lernten wir auch das sogenannte *Spiegeln* (siehe Kapitel 6), eine wirksame Methode, kindliche Gefühle zu bestätigen. Bald entdeckten wir, daß vielen Eltern die Fähigkeit fehlte, die Gefühle ihrer Kinder angemessen zu reflektieren. Das Spiegeln vermittelt dem Kind, daß es so, wie es ist, angenommen wird. Junge Menschen brauchen diese Bestätigung, um sich sicher zu fühlen.

Nach der Erfahrung in Midtown nahm Eileen eine Stelle bei der Los Angeles Family School an. Dort kümmerte sie sich um Familien, bei denen Schwierigkeiten auftraten, weil das Kind die Trennung von den Eltern beim Eintritt in die Vorschule nicht verkraftete. Außerdem leitete sie Elterngruppen, in denen sie spezifische Sorgen und Probleme ansprach, und schließlich eröffnete sie eine eigene Praxis.

1970 heirateten wir, und vier Jahre später kam unser Sohn Seth auf die Welt. Wie alle Eltern bei der Geburt ihres ersten Kindes waren auch wir erfüllt von Liebe. Wir schworen uns, bei unserem Kind bestimmt nicht die Fehler zu machen, die unsere Eltern bei uns gemacht hatten. Doch Seth war erst ein Jahr alt, als klar wurde, daß unsere Ehe nicht funktionierte. Wir wußten nicht, was schiefgegangen war und wie wir es wieder in Ordnung bringen konnten. Auch in der Eheberatung, die wir aufsuchten, ergab sich für uns keine Möglichkeit, die unbewußten Familienmuster zu überwinden, die einer gegenseitigen Annäherung im Weg standen. Durch alte, unverarbeitete emotionale Wunden kann eine Beziehung zwischen Erwachsenen in die Brüche gehen, und oft genug treiben sie einen Keil zwischen Eltern und Kind. Und so ließen wir uns scheiden.

Erwartungsgemäß zerstörte die Trennung auch unseren Idealismus. Wie konnten wir eine Scheidung damit vereinbaren, daß wir gute, engagierte Eltern sein wollten? Eine «zerbrochene Familie» war überhaupt nicht das, was wir uns für unseren kleinen Sohn vorgestellt hatten. Wir hatten nie vorgehabt, ein Kind allein zu erziehen. Doch eines war geblieben: der Wunsch, daß unser Sohn das Beste von uns beiden bekommen sollte. Nur – wie konnten wir das noch erreichen, nachdem unsere Ehe gescheitert war?

Eileen bestand darauf, daß nach der Trennung die Verantwortung gleichmäßig zwischen uns aufgeteilt werden sollte. In ihrer eigenen Familie hatte ihre Mutter die ganze Last der Kindererziehung getragen, auch ohne Scheidung. Ihr Vater hielt sich aus allem heraus, außer wenn es um Disziplinierungsmaßnahmen ging. Eileen hatte mit angesehen, wie ihre überlastete Mutter zur Märtyrerin geworden war, und sie war nicht gewillt, dieses Schicksal selbst zu erleiden. Außerdem wollte sie nicht, daß Seth ohne Vater aufwuchs. Sie wußte, daß Seths Reise ins Männerleben weniger gefährlich sein würde, wenn zwischen Vater und Sohn eine starke Bindung bestand.

Der Gedanke, die Sorge für ein Kleinkind zur Hälfte zu übernehmen, ängstigte Tom zunächst. Doch er hatte sich geschworen, ein enges und engagiertes Vater-Sohn-Verhältnis zu entwickeln und zu pflegen, und ihm wurde klar, daß er dieses Versprechen nur einlösen konnte, wenn er die Beziehung zu Seth aufrechterhielt. Toms Vater hatte sich wenig um ihn gekümmert, und Tom hatte sich sein Leben lang nach seiner Nähe gesehnt. Indem er mit Seth trotz der Scheidung verbunden blieb, leitete Tom für sich selbst einen Heilungsprozeß ein. Er gab seine eigene Verwundung durch einen emotional abwesenden Vater nicht weiter.

In dieser schmerzlichen Phase vereinbarten wir ein Arrangement, um das gemeinsame Sorgerecht in die Praxis umzusetzen: Seth sollte jeweils die Hälfte der Woche bei einem von uns verbringen. Leider beeinträchtigten die verletzten und oft wütenden Gefühle, die wir uns in dieser Zeit entgegenbrachten, unsere Fähigkeit, unterschiedliche Standpunkte bezüglich des Umgangs mit unserem Sohn erfolgreich auszudiskutieren. Doch unser einstiges Gelöbnis, bei unseren Kindern nicht dieselben Fehler zu machen, die unsere Eltern bei uns gemacht hatten, verband uns und stärkte uns in unserem Engagement für unseren Sohn. Bis heute sind wir fest überzeugt, daß wir das gemeinsame Sorgerecht nur deshalb verwirklichen konnten.

Während wir uns also bemühten, auf der einen Seite mit unserer Liebe zu Seth und auf der anderen mit dem Scheitern unserer Ehe und dem dadurch veränderten Verhältnis zu unserem Sohn zurechtzukommen, machten wir einige wichtige Entdeckungen – Entdeckungen, die letztlich die Grundlage für das Konzept bilden sollten, das wir «Elternprozeß» nennen möchten. Wir erkannten, daß unsere Familie sich über die Qualität unserer Beziehung zu unserem Sohn definierte und nicht darüber, daß wir uns trennten und scheiden lassen wollten. So gut wir konnten, hielten wir alte Verletzungen und unerledigte Wut aus der Beziehung zu unserem Sohn heraus. So konnten wir uns beide auf Seths Entwicklung und sein Wohlergehen konzentrieren.

Schließlich lernten wir, daß unsere Familie für Seth nach wie vor ein Ort emotionaler Geborgenheit sein konnte, wenn wir unsere Schwierigkeiten in den Griff bekamen. Unsere konstruktive Auseinandersetzung bekam für Seth Vorbildfunktion, sie prägte sein eigenes Problemlösungsverhalten und half ihm, nicht nur zu Hause, sondern auch in der Welt draußen zurechtzukommen. Dies wiederum ermöglichte die Entwicklung einer persönlichen und familiären Stabilität, die Seth weniger anfällig für sozialen Druck und andere Probleme von außen machte.

Im täglichen Zusammenleben mit Seth merkten wir auch, daß Wunden und Verletzungen aus unserer eigenen Kindheit zu Tage traten. Wir erfuhren das, was alle Eltern früher oder später einmal erkennen: Unsere Kinder sind diejenigen, die uns am meisten zusetzen, die unsere wunden Punkte mit besonderer Zielsicherheit treffen können. In der Eltern-Kind-Beziehung lebt unsere Sehnsucht nach den emotionalen Dingen, die wir in unserer eigenen Kindheit vermissen mußten, unweigerlich wieder auf.

Nach unserer Trennung und der Absprache des gemeinsamen Sorgerechts begann Tom sich in der damals aufkommenden Männerbewegung zu engagieren. Dies führte dazu, daß er sich zunehmend mit den stereotypen Rollenmustern beschäftigte, die Männer daran hindern, echte Nähe zu ihren Kindern und Partnerinnen zu entwickeln. Besonders wichtig waren ihm die Themen von Mißbrauch in der Ehe und häuslicher Gewalt. Zusammen mit einigen anderen Männern und Frauen gründete er einen Beratungsdienst für gewalttätige Männer. Erfüllt von dieser Arbeit, beschloß Tom, Psychotherapeut zu werden. Nach einem Studium der Psychologie machte er seine praktische Ausbildung im Rosenberg-Rand Institute in Venice, Kalifornien. Tom bekam seine Zulassung als Ehe-, Familien- und Kindertherapeut und wurde bald Mitglied des Ausbildungsteams am Rosenberg-Rand Institute. Zusammen mit Dr. Marjorie Rand bildet Tom heute Psychotherapeuten überall in den Vereinigten Staaten, in Kanada und auch in Europa aus.

Während wir uns weiterhin gemeinsam der Erziehung unseres Sohnes widmeten, veränderten sich die Grenzen unserer Beziehung, und wir gewannen den Teil unserer Beziehung zurück, der funktioniert hatte. Unser gemeinsames Interesse für die Heilung von seelischem Leid und an der Fürsorge für unser Kind wurde die Basis für Freundschaft und professionelle Partnerschaft. Tom ermunterte Eileen zu studieren. Auch sie machte eine Ausbildung am Rosenberg-Rand Institute und bekam im Jahr 1988 die Zulassung als Ehe-, Familien- und Kindertherapeutin.

Wir beschlossen, unsere Ausbildung weiter zu vertiefen, und erhielten 1990 für ein gemeinsames Promotionsprojekt unseren Doktortitel. Unsere Ausbildung wird jedoch nie abgeschlossen sein; das haben wir von den Kindern und Eltern gelernt, die uns ihr Vertrauen geschenkt haben.

Eine große Anzahl von Pädagogen, Theoretikern und Klinikern haben sich mit dem Thema der Eltern-Kind-Beziehung beschäftigt. Durch ihre Forschungsarbeiten erhielten wir eine solide theoretische Grundlage, um das zu verstehen, was wir als Eltern in unserem Alltag erlebten. Einige der wichtigsten Beiträge möchten wir gerne kurz vorstellen.

Dr. John Bowlby, ein führender Forscher und Lehrer auf dem Gebiet der Persönlichkeitsentwicklung, hat als erster die Auswirkungen von Bindung und Nähe (oder den Mangel daran) auf die emotionale Gesundheit von Kindern erforscht (siehe Kapitel 5). Bowlbys Arbeit wiederum regte die wissenschaftliche Forschung von Dr. Margaret Mahler an, einer Kinderanalytikerin, die Mütter und Kleinkinder beobachtete. Dr. Mahler stellte die Theorie auf, daß ein Kind die Unterstützung der Eltern braucht, um den Konflikt zwischen seiner Sehnsucht nach Nähe und seinem Bedürfnis nach Autonomie zu meistern. Nur wenn es es sich sowohl in Phasen der Bindung als auch in Phasen der Ablösung angenommen fühlt, kann es eine starke und selbstbestimmte Persönlichkeit entwickeln (siehe Kapitel 5 und 7).

Unsere psychotherapeutische Ausbildung erhielten wir im Rosenberg-Rand Institut für integrative Psychotherapie (R.-R. Institute of Integrative Body Psychotherapy, IBP). Dort erlernten wir den Umgang mit drei psychologischen Konzepten, die wir von der Psychotherapie auf die Eltern-Kind-Beziehung übertrugen. Diese sind (1.) die *repetitive Natur* der familiären Beziehungsmuster; (2.) die *Fragmentierung*, das heißt, die Erfahrung, daß man die Fassung verliert und sich emotional in den Zustand eines Kindes zurückversetzt fühlt (siehe Kapitel 3); und (3.) die Bedeutung der persönlichen *Grenzen*, die Ausdruck für die Einmaligkeit unserer Gefühle und Gedanken sind (siehe Kapitel 7).

Dr. Heinz Kohut, der Begründer der Psychologie des Selbst, beobachtete, daß Eltern auf die emotionalen Äußerungen eines Kindes eindeutig und verständnisvoll reagieren müssen, damit der junge Mensch später in der Lage ist, auf innere Ressourcen zurückzugreifen (siehe Kapitel 6). Wenn Eltern dies schaffen, entwickeln ihre Kinder ein starkes Selbstwertgefühl und können selbst unter emotionalem Streß auf diese Reserven zurückgreifen.

Dr. Alice Miller, eine bedeutende Autorin und Psychoanalytikerin, beschreibt in mehreren ihrer Bücher, was mit Kindern geschieht, die von ihren Eltern dazu benutzt werden, eigene emotionale Verletzungen zu lindern. In ihrem Buch *Das Drama des begabten Kindes* erklärt sie, daß Kinder, die lernen, die Wünsche ihrer Eltern zu erfüllen, sich nicht authentisch entwickeln können.

Dr. Nancy Chodorow, Dr. Dorothy Dinnerstein und Dr. Carol Gilligan haben uns gezeigt, daß das Bewußtsein eines Jungen für seine Männlichkeit und das des Mädchens für seine Weiblichkeit sehr stark davon abhängig ist, wie das Thema Trennung und Ablösung innerhalb der Familie gehandhabt wird. Die Abschaffung von stereotypen Geschlechterrollen ist ein höchst komplexer Vorgang, der sich kaum dadurch abhaken läßt, daß man Mädchen Baseball spielen läßt und Jungen gestattet zu weinen.

Familientherapeuten glauben, daß jedes Familienmitglied jedes andere beeinflußt und von ihm beeinflußt wird. Die individuelle Entwicklung kann nicht wirklich umfassend eingeschätzt werden, ohne diese Beziehungen zu analysieren. In ihrem Buch *Peoplemaking* erklärt Dr. Virginia Satir, eine Pionierin der Familientherapie: «Alle wichtigen Einzelphänomene in einer Familie lassen sich jederzeit verändern und korrigieren.» Von Dr. Satir haben wir die Bedeutung des Kommunikationstrainings für Familien gelernt.

Dr. Daniel Stern, Autor des Buches *Die Lebenserfahrung des Säuglings*, hat einen tiefgreifenden Einfluß auf die Entwicklungspsychologie ausgeübt. Lange Zeit ging man davon aus, daß nach Abschluß einer bestimmten Entwicklungsstufe kein Wachstum mehr möglich sei. Doch Dr. Stern verhalf uns zu einer flexibleren und wesentlich optimistischeren Sichtweise. Dank der Erkenntnisse von Dr. Stern können wir guten Gewissens behaupten, daß sich auch unsere Erziehungsratschläge nicht auf starre Entwicklungsphasenmodelle beziehen, die an einem bestimmten Zeitpunkt beginnen und enden, sondern vielmehr auf Prozesse, die im Leben eines Kindes stets gegenwärtig und nie ganz abgeschlossen sind. Es ist für Eltern nie «zu spät», einzugreifen und ihren Kindern zu helfen.

Wir haben die Theorien von Dr. Stern auch auf unser eigenes Leben übertragen. Beispielsweise glaubte Tom, es sei zu spät, eine gute Beziehung zu seinem ersten Sohn aufzubauen. Bei Adams Geburt war Tom einundzwanzig; er hatte sich nie um ihn gekümmert und den Kontakt zu ihm verloren. Bei der Arbeit mit Kindern und im Zuge seiner Weiterentwicklung als Vater wurde Tom ständig von Gedanken an seinen Sohn heimgesucht. Er erkannte schließlich, daß er an Adam sein eigenes Erbe weitergegeben hatte – die Verletzung durch den emotional nicht verfügbaren Vater. Und Tom war nicht nur emotional, sondern auch *körperlich* abwesend gewesen. Nun beschloß er, seinen Sohn zu suchen, nahm Kontakt zu Adams Mutter auf und vereinbarte einen Besuch. Schritt für Schritt bauten der sechzehnjährige Sohn und sein Vater eine Beziehung auf. Mit neunzehn zog Adam bei seinem Vater ein.

Tom beherzigte die Grundregeln des Elternprozesses, und Adam reagierte sehr positiv: Das Erbe des emotional nicht verfügbaren Vaters war verwandelt. Heute ist Tom ein engagierter Vater für seine beiden Söhne und auch die beiden Brüder konnten eine Beziehung zueinander entwickeln, die ihr Leben bereichert.

Wenn sich Eltern ihrer selbst und ihrer Aufgabe bewußt werden, verbessern sich die familiären Beziehungen. Eltern können mit unserer Methode lernen, die innige Liebe, die sie für ihre Kinder empfinden, in einer Weise auszudrücken, die sowohl das Leben der Familie als auch das eines jeden einzelnen bereichert.

TEIL 1

Das Familienerbe

KAPITEL 1

Eltern werden, Eltern sein – ein Weg mit vielen Schritten

Das entscheidende Charakteristikum der Menschen ist nämlich, daß wir unsere Entwicklung durch unser Bewußtsein beeinflussen können.

Rollo May, Der Mut zur Kreativität

Mit fünfzehn Jahren wollte unser Sohn Seth Motorroller fahren lernen. Wir meldeten ihn bei einer staatlich anerkannten Fahrschule an. Nach der ersten Stunde beschwerte er sich, es sei gar nicht gutgegangen, und er werde im Unterricht auch nie wieder eine Frage stellen. Verwundert über seine Wut, fragten wir ihn, was passiert war.

«Ich habe zwei Fragen gestellt», antwortete Seth, «und beide Male hat mich der Lehrer vor allen anderen lächerlich gemacht. Ich weiß, ich muß den Unterricht mitmachen, um meinen Führerschein zu kriegen, und ich muß mich melden, wenn ich etwas nicht verstehe, aber ich mach das einfach nicht mehr.»

Die zweite Fahrstunde fand im Park statt. Als wir Seth unterwegs zu Freunden abholten, ließ er wieder den Kopf hängen. Jetzt wußten wir, daß wirklich etwas nicht stimmte, und Eileen fragte ihn, was los war. «Nichts», antwortete er mit einem Achselzucken. Doch seinem Verhalten war deutlich anzumerken, daß dies nicht der Wahrheit entsprach. Uns wäre es am liebsten gewesen, er hätte uns seine Gefühle mitgeteilt und uns so die Möglichkeit gegeben, ihm zu helfen, aber er war nicht dazu bereit, und wir fühlten uns ein wenig hilflos und frustriert. Trotzdem beschlossen wir, Seth nicht unter Druck zu setzen, sondern sein Schweigen gelten zu lassen. Wir ertrugen die Spannung unseres eigenen unerfüllten Bedürfnisses nach emotionaler Offenheit, damit Seth mit seinem Problem allein zurechtkommen konnte.

Seth ist das Kind von Therapeuten, die sich auf den Umgang mit Kindern spezialisiert haben. Darüber hinaus hatten wir uns vorgenommen, unserem Kind einen offenen Umgang mit seinen Gefühlen zu ermöglichen, denn wir waren beide in einer Familie groß geworden, in der nicht über Gefühle gesprochen wurde. Dies war Teil unseres *eigenen* schmerzlichen Erbes. Seth zum Reden zu zwingen wäre für ihn ebenso schädlich gewesen, als hätten wir seinen Kummer einfach ignoriert. Wir wollten ein Klima schaffen, in dem man sich frei über Gefühle austauschen konnte. Das wäre eine echte Veränderung zu dem gewesen, was wir selbst erlebt hatten. Schließlich wollten wir doch bei unserem Kind die Fehler vermeiden, die unsere Eltern gemacht hatten!

Deshalb mußten wir unseren Impuls in Schach halten, Seth zum Reden zu bringen, und wir mußten unseren Schmerz darüber, daß wir nicht mit unseren Eltern hatten sprechen können, strikt aus der jetzigen Situation mit unserem Sohn heraushalten.

Uns war bewußt, daß Seth die Tendenz hat, sich zurückzuziehen, wenn er aufgebracht oder wütend ist. Das tut er nicht, um uns zu ärgern, sondern um das Problem für sich selbst in den Griff zu bekommen. Wir haben gelernt, darauf zu vertrauen, daß er nach einer gewissen Zeit von sich aus wieder den Kontakt zu uns sucht. Wenn Seth dazu bereit ist, kann er seine Gefühle sehr wohl mitteilen. Er ist ein sensibler junger Mensch und grundsätzlich im Einklang mit sich selbst. Aber er hat einfach andere Methoden und ein anderes Tempo, als wir erwartet haben. Wir haben uns vorgestellt, wenn wir unserem Sohn erlaubten, emotional offen zu sein, würde er sich nie zurückziehen müssen.

Als wir am Ziel unserer Fahrt ankamen, schien Seth sich denn auch schon viel besser zu fühlen. Er ließ den Kopf nicht mehr hängen und war wieder gesprächiger. Nach einer Weile erzählte er in aller Ausführlichkeit von der Fahrschule und warum ihn der Lehrer so wütend machte: «Ich hatte Schwierigkeiten mit dem Kickstart. Da habe ich den Lehrer gefragt, ob er mir mal zusehen und sagen kann, ob ich etwas falsch mache. Das tat er auch, aber dann sagte er: ‹Ich glaube, du hast nicht die richtige Einstellung. Wenn du deine Einstellung änderst, wird der Roller anspringen. Aber ich glaube, du fällst bei der Prüfung durch.›»

Wir waren einhellig der Ansicht, daß der Lehrer sich destruktiv verhielt, und Seth beschloß, sich einen neuen Kurs zu suchen. Und er bekam seinen Führerschein ohne weitere Schwierigkeiten. Dieser Vorfall war ein guter Denkzettel für uns. Es war nicht Seths Aufgabe, mit uns zu reden, wann wir es für richtig hielten – nur um uns zu beweisen, daß wir bessere Eltern waren als unsere eigenen oder um unsere eigenen Verlustgefühle wettzumachen.

Indem wir unser eigenes Erbe bewußt durchbrechen, lernen wir aber auch, im Umgang mit unseren Kindern nicht ständig unsere eigene Vergangenheit zu wiederholen. In unserem Fall wußten wir, daß ein Teil unseres Erbes darin bestand, daß wir unsere Gefühle unseren Eltern nicht hatten mitteilen können. Dieses Bewußtsein schärfte unseren Blick für Situationen, in denen Seth die Möglichkeit haben sollte, sich uns offen anzuvertrauen.

Ironischerweise ist das Auftauchen von schmerzlichen Kindheitserlebnissen ausgerechnet in der Eltern-Kind-Beziehung am wahrscheinlichsten. Jedesmal, wenn ein Kind die Erfüllung seiner Bedürfnisse von uns fordert, können dadurch in uns eigene unerfüllte Sehnsüchte neu aktiviert werden: unser Erbteil des Schmerzes. Ohne es zu merken, versuchen wir unsere Kinder dazu zu bringen, die Funktion unserer Eltern zu übernehmen! Wenn unsere Kinder sich «angemessen benehmen», indem sie beispielsweise ihre Gefühle dann mit uns teilen, wenn wir uns das wünschen, fühlen wir uns vor alten schmerzlichen Erfahrungen geschützt. Möglicherweise schlagen Sie sich in Ihrer eigenen Familie mit ähnlichen Themen herum. Wenn Ihnen Ihre Mutter oder Ihr Vater keine Aufmerksamkeit geschenkt hat, fühlen Sie sich heute vielleicht genauso verletzt, wenn Ihr Kind Ihnen nicht zuhört. Auch das Erbe, daß Kinder die alten Schmerzen ihrer Eltern neu aufleben lassen, wird von Generation zu Generation weitergereicht. Hätten wir von unserem Sohn verlangt, daß er uns sein Herz ausschüttet, hätte er sich vielleicht noch weiter zurückgezogen. Unbewußt hätten wir so das Szenario bestätigt, in dem wir beide aufgewachsen sind: Kinder können nicht mit ihren Eltern reden.

Für Eltern ist es immer hilfreich, die Wunden der eigenen Vergangenheit kennenzulernen, denn sie kommen unweigerlich wieder zum Vorschein. Ohne daß wir es wollen, übertragen wir unseren Kindern die Aufgabe, unseren alten Schmerz zu heilen, indem wir sie auffordern, sich gemäß unserer Erwartungen zu verhalten. Wenn wir jedoch aus unserer eigenen kindlichen Bedürftigkeit heraus handeln, sehen wir die momentanen realen Erfahrungen unserer Kinder nicht mehr und sind unfähig, ihre Gefühle zu erkennen und zu respektieren, mit der Folge, daß sich die Kinder mißverstanden und die Eltern von neuem frustriert fühlen.

«Ich werde meinen Kindern nie antun, was meine Eltern mir angetan haben!»

Im Idealfall soll die Familie ein sicherer Zufluchtsort sein, in dem Kinder ihre Identität optimal entwickeln können. Als Eltern wollen wir unseren Kindern Geborgenheit schenken, eine Umgebung, in der Vertrauen herrscht, in der man sich wohl fühlt, ein emotionales Sicherheitsnetz, das die Härten und Strapazen des Erwachsenwerdens abfedert. Unser Bedürfnis, eine solche Umgebung zu schaffen, erklärt vielleicht teilweise unseren Wunsch, überhaupt

Kinder zu haben. Womöglich haben wir uns als Kind selbst nach einer liebevollen, geborgenen Atmosphäre gesehnt.

Doch was passiert mit unseren guten Vorsätzen im Eifer der Gefechte, die wir uns später mit unseren Kindern liefern? Was wird aus unserem leidenschaftlichen Schwur, eine gute Mutter, ein guter Vater zu sein – komme, was wolle? Was wird aus unseren guten Absichten, unseren Kindern keinesfalls die gleichen emotionalen Schmerzen zuzufügen, unter denen wir als Kind selbst zu leiden hatten? Wissen wir denn überhaupt, wie wir unser Versprechen einhalten können?

Wir bemühen uns, unseren Kindern die emotionale Unterstützung zu geben, die uns gefehlt hat, als wir klein waren. Vielleicht sind wir selbst in dem Gefühl aufgewachsen, daß die Beziehung zu unseren Eltern immer gefährdet war; vielleicht lebten wir immer in der Furcht, daß sie uns im Stich lassen könnten, wenn wir uns nicht so verhielten, wie sie es erwarteten, oder wenn sie Anlaß hatten, unseretwegen traurig zu sein. Vielleicht fühlten wir uns oft mißverstanden. Haben unsere Eltern unsere Gefühle respektiert oder mißachtet? Konnten wir auf ihren Beistand vertrauen, ihnen unsere Sorgen und Ängste mitteilen, oder mußten wir unsere Gefühle verstecken und uns verstellen? Hatten wir die Möglichkeit, authentisch zu sein – ein eigenständiger, selbstbestimmter Mensch? Viele Eltern machen sich Sorgen, daß sie ihre Probleme an ihre Kinder weitergeben.

Als Therapeuten haben wir gelernt, daß gute Vorsätze und das Versprechen, es anders zu machen, zwar wichtig sind, meist aber nicht ausreichen, um die emotionale Erblast der Vergangenheit aufzubrechen. Vielleicht fehlt einem das Bewußtsein dafür, wie alte Verletzungen weitergegeben werden oder daß sie überhaupt existieren. In unserem Beruf lernt man, daß der erste Schritt zu einer dauerhaften Veränderung immer ein *Bewußtmachen* ist. Um eine gesunde Beziehung zu Ihrem Kind aufzubauen und zu erhalten, müssen Sie erst einmal verstehen, was emotionale Verletzungen sind und wie sie übertragen werden.

Vielleicht wurden Sie als Kind geschlagen. Beim geringsten Fehlverhalten gab es eine Ohrfeige oder einen Klaps auf den Hintern, und als Folge davon wuchsen Sie in dem Gefühl heran, schlecht und minderwertig zu sein. Als Eltern haben Sie sich nun vorgenommen, Ihr Kind nie zu schlagen, doch schon bei der kleinsten Kleinigkeit fangen Sie an zu schimpfen und zu brüllen. Obwohl Sie also nicht schlagen, führt Ihre übertriebene Reaktion möglicherweise dazu, daß auch Ihr Kind sich schlecht und minderwertig fühlt. Außerdem erlebt es Sie vielleicht als ungerecht. Und schlimmer noch: Trotz aller Mühe fühlen Sie sich von neuem mißverstanden, und in der emotionalen Familienumgebung hat sich seit Ihrer eigenen Kindheit für Sie grundsätzlich nichts geändert. Glücklicherweise können Sie diese Dynamik mit Hilfe dieses Buches unterbrechen und verändern.

Wie Ihnen der sogenannte «Elternprozeß» nützt

Unser Konzept will Ihnen helfen, Ihre eigenen emotionalen Kindheitsverletzungen zu erkennen. Sie werden verstehen, wieso es Ihren Kindern möglich ist, bei Ihnen den Schmerz aus Ihrer Vergangenheit zu reaktivieren. Sie werden begreifen, wie sich verinnerlichte Verhaltensmuster auf die Beziehung zu Ihrem Kind auswirken und lernen, sie zu überwinden. Wir werden Ihnen zeigen, wie Sie ganz in der Gegenwart bleiben können, damit Ihr Kind in der geborgenen und vertrauensvollen Umgebung einer liebevollen Familie aufwachsen kann.

Sich seiner selbst bewußt zu werden ist der Ausweg aus dem Teufelskreis, in dem bestimmte emotionale Verletzungen von einer Generation immer wieder an die nächste weitergereicht werden. Wenn Ihnen aber klar ist, wo Ihre eigenen Wunden liegen und wie sie entstanden sind, können Sie sich von der Vergangenheit lösen und sich vorbehaltlos auf die emotionalen Bedürfnisse Ihrer Kinder einlassen.

Eltern, die sich von ihrer Erblast befreien, eröffnen sich selbst neue Handlungsspielräume und ermutigen ihre Kinder, ihre eigenen Begabungen auszuleben. Sie können Ihren Kindern verbindliche Grenzen setzen und sichere Orientierung bieten, ohne sich mit ihnen in sinnlose Machtkämpfe zu verstricken. Denn ein Kind, das sich mit all seinen Eigenheiten angenommen und verstanden fühlt, muß auch im Fall von Unstimmigkeiten nicht darum kämpfen, seinen Willen unbedingt durchzusetzen. Es erwirbt die Fähigkeit zur Selbstbestimmung und die Bereitschaft zur Kooperation, weil es nicht gezwungen wird, sich anzupassen.

Der Elternprozeß, wie wir unser Konzept nennen, wird Ihrer ganzen Familie die Tür zu konstruktiver Kommunikation öffnen, Ihren Kindern aber wird er helfen, ein stabiles Selbstwertgefühl zu entwickeln.

Was Ihnen dieses Buch zu bieten hat

«Ich werde bei meinen Kindern die Fehler vermeiden, die meine Eltern bei mir gemacht haben!» Diesen Satz unterschreiben alle Eltern, die ein inniges und vertrauensvolles Verhältnis zu ihren Kindern anstreben – gleichgültig, wie gut oder schwierig dieses Verhältnis im Moment sein mag. Alle Kinder werden mit der emotionalen Sehnsucht nach Nähe und auch mit dem Bedürfnis nach Eigenständigkeit geboren. In manchen Familien wird Individualität und Selbständigkeit auf Kosten der Verbundenheit gefördert, in anderen steht der Familienzusammenhalt im Vordergrund, so daß wenig Raum bleibt für die individuellen Gedanken und Gefühle des einzelnen Kindes. In diesem Buch zeigen wir Ihnen, wie es möglich ist, sowohl eigenständig als auch mit anderen verbunden zu sein, wie man befriedigende, erfüllende Beziehungsmuster schaffen kann. So geartete Beziehungen helfen Ihnen, auf ein breites Spektrum von Gefühlen und Situationen in Ihrer Familie angemessen zu reagieren.

In Kapitel 2 gehen wir näher auf den Begriff der familiären Erblasten ein. Wir besprechen den Ursprung des Drangs, familiäre Beziehungsmuster zu wiederholen – alle Eltern haben diesen Impuls in einem gewissen Ausmaß. Wir erklären systemische Familientheorie und die vielen Möglichkeiten, wie ein Erbe vermittelt werden kann. Sie werden erfahren, warum Individuen in Familienrollen steckenbleiben, wie ihnen emotionale Eigenschaften aufoktroyiert, wie sie von Verboten in Gefühl und Verhalten eingeschränkt werden. Außerdem lernen Sie die Bedeutung der Vorbildfunktion kennen.

In Kapitel 3 stellen wir einen ausführlichen Fragebogen vor, den Sie auf zwei verschiedene Arten für sich nutzen können. Zunächst sollen Sie mit seiner Hilfe die «wunden Punkte» aus Ihrer eigenen Kindheit identifizieren, denn sobald Sie auf eigene verletzte Kindheitsgefühle reagieren, sind Sie als Eltern ineffizient. Wir zeigen Ihnen, wie Sie Ihr emotionales Gleichgewicht wiedergewinnen. Beim zweiten Durchgang dient der Fragebogen dazu, Ihnen bewußt zu machen, wie Sie die Beziehung zu Ihren Kindern verbessern können.

Zur bewußten Elternschaft gehört unter anderem auch ein umfassendes Verständnis für die emotionale Entwicklung Ihres Kindes, denn Unwissenheit in diesem Bereich kann eine Menge Verwirrung auslösen. In Kapitel 4 geben wir Ihnen deshalb eine Übersicht über die Faktoren, die die Entwicklung eines gesunden Selbstwertgefühls fördern. Darüber hinaus zeigen wir Ihnen, wie Sie die emotionale Bindung zu Ihren Kindern verbessern können. Außerdem stellen wir die drei Grundregeln des Elternprozesses vor.

In Kapitel 5 erklären wir den Prozeß des «Bonding» – der Bindung, das heißt, wir gehen ausführlich auf die erste unserer drei Grundregeln ein. Die Bindung zwischen Eltern und ihrem Kind ist kein einmaliger Vorgang, der sich nur im Säuglings- und Kleinkindalter vollzieht, sondern ein andauernder, sich ständig weiter entwickelnder Prozeß. Ohne zuverlässige emotionale Nähe zu Ihnen ist Ihr Kind möglicherweise viel zu früh auf sich allein gestellt. Die emotionale Bindung zu unseren Kindern ist der Mutterboden, in dem jedes emotionale Wachstum wurzelt.

Am häufigsten hapert es bei Eltern an der Fähigkeit zu «spiegeln», wodurch ihre Kinder verunsichert werden. In Kapitel 6 erläutern wir, wie Kinder durch richtig angewandtes «Spiegeln» lernen, ihren eigenen Gefühlen zu vertrauen.

Die erste Erfahrung, die Eltern und Kind miteinander machen, ist eine Trennung, und zwar in dem Moment, in dem die Nabelschnur durchschnitten wird. Wenn es uns Schwierigkeiten macht, emotional eigenständig zu sein, leiden unsere Kinder und damit unser Verhältnis zueinander. In Kapitel 7 erklären wir das Paradox, daß nur emotional eigenständige, sich als von ihren Kindern getrennt wahrnehmende Eltern wirkliche Nähe zu ihren Kindern empfinden können. Beim Trennungs- und Individuationsprozeß können auch Geschlechtsunterschiede starr und verwirrend werden. Wir erklären, warum die Trennungssituation für Jungen und Mädchen unterschiedlich ist. Außerdem gehen wir auf das Grenzensetzen und auf die Disziplin ein.

In Kapitel 8 setzen wir die drei Grundregeln – Bindung, Spiegeln und Trennung – zu einer einheitlichen Kommunikationsmethode zusammen. Sie werden sehen, daß man in einem Klima von Nähe und Wärme Differenzen sowohl aushalten als auch ausdiskutieren kann. Beispiele, die Themen und Konflikte aus dem Familienalltag behandeln, veranschaulichen, wie man sich den Elternprozeß gezielt zunutze machen kann. Sie werden lernen, die Interaktion mit Ihren Kindern genau zu analysieren, Ihre eigenen Fehler zu erkennen und – falls notwendig – eine Verhaltensänderung herbeizuführen.

In Kapitel 9 blicken wir in die Zukunft. Wir stellen uns vor, daß Kinder, die in ihrer Familie Anerkennung und Respekt erfahren haben, einen wertvollen Beitrag leisten können, um eine Welt zu schaffen, in der sich ihre positiven Gefühle widerspiegeln: eine

Welt, in der Konflikte zwischen Menschen durch Verhandeln gelöst werden. Wir überlegen, welchen Einfluß positive, stabile Eltern-Kind-Beziehungen auf Familien und letztlich auf die Gesellschaft als Ganzes ausüben können.

Die Entstehung des Elternprozesses

Seit über zehn Jahren lehren wir den Elternprozeß nun schon in Workshops und Seminaren. Zu den Teilnehmern gehören Menschen unterschiedlichster Herkunft, die in völlig unterschiedlichen Familienstrukturen aufgewachsen sind: Alleinerziehende, Stiefeltern, getrennte Eltern mit gemeinsamem Sorgerecht und Eltern aus traditionellen Kleinfamilien mit Kindern aller Altersstufen. Obwohl jede Familie ihre eigenen Konflikte zu haben scheint, sind wir im Lauf der Zeit zu dem Schluß gekommen, *daß die entwicklungsmäßigen Bedürfnisse der Kinder immer die gleichen bleiben*, ungeachtet der Familienkonstellation, des sozioökonomischen Status und der ethnischen Herkunft.

Unsere Wochenend-Workshops sind dem Lernen, aber auch dem Experimentieren gewidmet. Für gewöhnlich treffen sich 15 bis 25 Eltern, um ganz allgemein über Familienerbe und seine Weitergabe zu sprechen, über die individuellen Verletzungen der Teilnehmer und über die emotionalen Bedürfnisse eines sich entwikkelnden Kindes.

Wenn Eltern über ein grundlegendes Verständnis der emotionalen Entwicklung verfügen, können sie die Grundregeln des Elternprozesses in die Tat umsetzen. Im Rollenspiel stellen sie die Probleme mit ihren Kindern dar. Dabei zeigen wir ihnen beispielhaft, wie man spiegelt und sich in die kindlichen Empfindungen hineinversetzt, und die Eltern üben, ihre eigenen Gefühle von denen ihrer Kinder zu trennen. Im Lauf der Zeit haben wir erfahren, daß der Elternprozeß Familien positiv verändert, und wir hoffen, daß dies auch bei Ihnen der Fall sein wird.

KAPITEL 2

Wie emotionale Verhaltensmuster entstehen

Viele traditionelle Erziehungsmethoden, die von einer Generation zur nächsten weitergegeben werden, sind weiter nichts als schlechte Ratschläge, die man zu Weisheiten stilisiert hat.

SUSAN FORWARD, Vergiftete Kindheit

Unser Familienerbe ist ein Konglomerat aus bewußten und unbewußten Einstellungen, die wir von unseren Eltern übernehmen. Da manches von dem, was wir in unserer Familie lernen, positiv und anderes unangemessen oder sogar direkt schädlich ist, kann es sein, daß wir unsere spezielle Mixtur richtiger und falscher Erziehungsrichtlinien als Schatz, als Fluch oder als eine Mischung von beidem erleben.

Ihr Kind wächst in einer einzigartigen Umgebung auf, in der sich die väterliche und die mütterliche Vergangenheit vermischen. Dabei wird es von einer Kombination emotionaler Erfahrungen, Überzeugungen und Wertvorstellungen beeinflußt, die jeder Elternteil in die Erziehung des Kindes einbringt.

So hat beispielsweise Fred, ein Teilnehmer einer unserer Elternkurse, von seiner kontrollierenden Mutter das Bedürfnis übernommen, die Gefühle seiner eigenen Kinder zu kontrollieren. Dazu hat er die umgängliche Art seines Vaters erlernt sowie dessen Unfähigkeit, seine Gefühle zu äußern. Fred war anders als seine Eltern, aber letzten Endes war er auf sanfte, passive Art immer noch kontrollierend. Er kam zu unserem Workshop, weil sein sechsjähriger Sohn Robbie Schwierigkeiten in der Schule hatte. Die anderen Kinder hänselten ihn ständig, und er brachte es nicht fertig, sich zu wehren. Er hatte Schwierigkeiten, für sich selbst einzutreten. Nach einer Eltern-Lehrer-Konferenz wurde Fred klar, daß er Unterstützung brauchte, um seinem Sohn helfen zu können, und der Lehrer empfahl ihm unseren Workshop.

Fred hatte sein eigenes Erbe sehr subtil weitervermittelt, aber im Lauf des Gesprächs verstanden wir seine Schwierigkeiten immer besser. Freds Freundlichkeit war nicht geheuchelt, aber sein Bemühen, ein netter Kerl zu sein, stammte aus seiner Kinderrolle, in der er sich emotional um seine Mutter hatte kümmern müssen. Freds Mutter hatte seine Emotionen kontrolliert, hatte ihm gesagt, was er tun und was er fühlen sollte. Für sie war es sehr wichtig, daß niemand in der Familie sich aufregte oder gar wütend wurde, und Fred machte sich dauernd Sorgen um ihre Gefühle. Freds Vater andererseits war ein sanfter Mensch – nett, aber emotional distanziert. In den seltenen Fällen, wenn der Vater sich aufregte, hatte Fred immer Angst um ihn. So hatte Fred niemanden, der ihm half, mit seiner eigenen Wut zurechtzukommen. Er verdrängte alle negativ besetzten Gefühle und lernte nie, daß Wut nur eine von vielen Emotionen ist.

Als sensibler und engagierter Vater bemühte Fred sich sehr, Robbies Gefühle zu verstehen, aber er vermittelte ihm dennoch seine eigene Angst vor Zorn: Er konnte nicht zulassen, daß Robbie wütend wurde, sondern wollte immer gleich alles «wiedergutmachen». Robbie umgekehrt lernte rasch, seinen Vater zu beschützen, indem er sich beherrschte und seine Wut verdrängte – genau wie Fred, als er noch ein Kind war.

«Ich habe gedacht, ich würde bei meinem Kind die Fehler vermeiden, unter denen ich selbst gelitten habe, und was ist passiert?» sagte Fred im Workshop. «Wie kann es angehen, daß ich mich so sehr bemüht habe, meinen Sohn anders zu behandeln, und am Schluß tue ich ihm auf ähnliche Weise weh?»

Wir erklärten ihm, daß wir bei der Interaktion mit unseren Kindern oft in Situationen geraten, in denen verletzte Gefühle aus der Vergangenheit freigesetzt werden. Wenn Robbie aufgebracht war, fühlte sich Fred selbst wie ein Kind und nicht wie ein Vater. Der Vorsatz «Ich werde bei meinen eigenen Kindern die Fehler vermeiden, die meine Eltern bei mir gemacht haben» ist in Wirklichkeit Ausdruck des Wunsches, nicht noch einmal die eigenen bitteren Kindheitserfahrungen durchleben zu müssen und sie auch nicht weiterzugeben.

Die Rolle des Unbewußten: Das Wiederholen von Beziehungsmustern

In Ihrem Unterbewußtsein steht die Zeit still. Wie es früher einmal war, so ist es auch jetzt. So kann es geschehen, daß längst vergangene Gefühle jederzeit von aktuellen Ereignissen reaktiviert werden können. Es ist also möglich, daß sich bei Eltern, ausgelöst durch die Interaktion mit ihren Kindern, unvermittelt Gefühle einstellen, die aus der Zeit ihrer eigenen Kindheit stammen. Sie sind diesen Emotionen ausgesetzt und wiederholen unbewußt die Entscheidungsprozesse und Verhaltensmuster von damals, als Sie diese Gefühle zum ersten Mal verspürten. So werden spezifische Ausprägungen der Eltern-Kind-Beziehung von Generation zu Generation weitergegeben.

Melissas Mutter beispielsweise war eine kühle, zurückhaltende Frau, und Melissa hatte nie das Gefühl, von ihr wirklich akzeptiert zu sein. Nun hat Melissa selbst zwei Kinder, und wenn Tina und Danny schmollen, fühlt sich Melissa wieder abgelehnt und zieht sich von ihnen zurück. Also machen Tina und Danny mit Melissa die gleiche Erfahrung, die Melissa mit ihrer eigenen Mutter gemacht hat. Psychologen nennen dieses Phänomen einen *Wiederholungszwang*.

Bis zu einem gewissen Grad haben wir alle den Drang, unsere frühen Beziehungsmuster nachzuahmen. Diese Muster sind so sehr Teil unser selbst, daß es sehr schwierig ist, sie zu verändern. Wir kennen nichts anderes – oder halten nichts anderes für möglich –, und selbst wenn wir sie endlich als wiederkehrende Muster erkennen, ist es noch immer nicht leicht, sie abzulegen. Zwar tun sie uns weh, aber sie sind uns so vertraut und so tief in uns verwurzelt, daß sie uns eine Sicherheit vermitteln, die wir nicht aufgeben wollen.

Viele Selbsthilfebücher beschreiben diesen Zwang als ungesund oder gar pathologisch. Wir wenden uns entschieden gegen diese pessimistische Sichtweise. Der Zwang selbst ist durchaus nicht pathologisch, denn die Wiederholung frühkindlicher Gefühle ist ein unvermeidlicher Teil des menschlichen Lebens. Wir sollten uns nicht dafür verurteilen, sondern uns lieber bemühen zu verstehen, was genau dahintersteckt. Indem wir unsere Kindheitsmuster wiederholen, versuchen wir, ein Klima zu schaffen, in dem wir unsere bislang unbefriedigten Bedürfnisse endlich erfüllen können.

Jerry beispielsweise hat eine distanzierte, abweisende Mutter. Statt sich eine warmherzige Frau zu suchen, wird er mit einiger Wahrscheinlichkeit wieder eine kühle, abweisende Partnerin wählen. Dann wird er versuchen, von ihr die Wärme zu bekommen, die er schon bei seiner eigenen Mutter vermißt hat. Es ist wichtig zu begreifen, daß der Wiederholung von Beziehungsmustern der gesunde Wunsch zugrunde liegt, unsere frühkindlichen Wunden zu heilen.

Außerdem ist es hilfreich, sich klarzumachen, daß die Art, wie wir als Kinder reagierten, immer ein Versuch war, uns selbst zu schützen – so gut wir eben konnten. Vielleicht sind diese Bemühungen heute nicht mehr angemessen, aber wenn wir automatisch bei alten Verhaltensmustern Zuflucht suchen, sehen wir die aktuelle Situation eben oft mit den Augen der Vergangenheit, und so tragen wir bestimmte uralte Überzeugungen – unser Familienerbe – in unsere gegenwärtige Beziehung mit unseren Kindern hinein.

Wenn wir den Wiederholungszwang erkennen und begreifen, daß wir in alten Gefühlen gefangen sind, können wir dieses neue Bewußtsein einsetzen, um in der Gegenwart angemessener zu reagieren.

Fred zum Beispiel wiederholte das Beziehungsmuster, das in seiner Familie existierte, als er klein war. Seine Eltern brachten ihm ganz direkt bei, daß Wut und Ärger nicht akzeptabel waren, und so lernte Fred, sich vor seinen eigenen wütenden Gefühlen zu fürchten. Er unterdrückte sie und benahm sich wie ein «braver Junge», um seinen Eltern zu gefallen. In Freds Unterbewußtsein waren alle mit Wut und Ärger zusammenhängenden Gefühle bedrohlich, und da es dort keine Unterscheidung zwischen Vergangenheit und Gegenwart gibt, hatte er Angst, daß etwas Schlimmes passieren würde, wenn sein Sohn Robbie seine Wut auslebte. Fred hatte Angst, Robbies Liebe zu verlieren.

Bei seiner eigenen Familie hatte Fred teilweise Fortschritte gemacht. Er sagte seinem Sohn nicht, daß Wut falsch sei, aber er erdrückte derartige Gefühle bei Robbie mit seiner allumfassenden Freundlichkeit. Das Verhalten war neu, aber die Botschaft, die dahintersteckte – ärgere dich nicht! –, war die gleiche geblieben.

Nachdem sich Fred in unserem Workshop seine eigenen Gefühle bewußt gemacht hatte, wurde ihm klar, daß Robbie die Möglichkeit brauchte, seine Wut auszuleben. Statt sie zu erdrücken, lernte Fred nun, ihr zuzuhören. Zwar spürte er noch die Angst in sich aufsteigen, wenn sein Sohn in Rage geriet, aber anstatt wie ein braver Junge zu handeln und die Wut seines Sohns «wegzumachen», konnte er sich jetzt damit auseinandersetzen.

Alle Eltern haben unerledigte emotionale Konflikte, die als Wiederholungsmuster an die Oberfläche kommen. Wir alle neigen dazu, bei unseren Kindern genau die Fehler zu machen, unter denen wir selbst gelitten haben. Deshalb sollten wir uns ansehen, welche Einstellungen und Verhaltensweisen uns als Kindern in unserer Familie nicht gefallen haben, denn genau an diesen Stellen besteht die größte Gefahr, daß wir unseren Kindern etwas weitergeben – in unterschiedlichem Maße natürlich. Dazu gehören beispielsweise:

- Überbehütung
- Unrealistische Leistungsanforderungen
- Kritisches und abwertendes Verhalten
- Geringschätzung anderen gegenüber
- Furcht, verlassen zu werden
- Furcht, vereinnahmt zu werden
- Schuldgefühle
- Schuldzuweisung
- Schmollen
- Scham
- Rückzugsverhalten
- Die Kontrolle über sich selbst verlieren
- Festgefahrene Einstellungen hinsichtlich Essen, Sex, Alkohol
- Vorurteile aller Art
- Kontrollierendes Verhalten und emotionale Ansprüche
- Märtyrertum
- Schikanieren

Unser Ziel ist es, die destruktivsten Verhaltensmuster zu durchbrechen, indem wir Ihnen dabei helfen, sie sich bewußt zu machen.

Wie emotionale Erblasten weitergegeben werden

Um zu verhindern, daß Sie Ihre eigenen Kindheitsverletzungen weitergeben, müssen Sie erst einmal herausfinden, wie sie Ihnen selbst vermittelt wurden. Es gibt eine Reihe von Möglichkeiten, ein Familienerbe zu übertragen. In diesem Zusammenhang ist es wichtig zu wissen, wie die Familie als System funktionierte, welche Funktion bestimmten Familienmitgliedern aufgebürdet wurde, welche Gefühle und Verhaltensweisen erwünscht beziehungsweise verboten waren, welche Eigenschaften oder Persönlichkeitsmerkmale jedem einzelnen zugewiesen wurden, welche geschlechtsspezifische Rollenverteilung vorherrschte und welche Lebensauffassung vorgelebt wurde. Sehen wir uns diese verschiedenen Aspekte etwas genauer an.

Familiensysteme

Familiäre Beziehungsmuster haben ihren Ursprung in den Einstellungen unserer Eltern zu sich, zu uns und zur Kindererziehung im allgemeinen. Im Lauf der Zeit werden diese Einflüsse Teil unserer inneren Realität. Sie bestimmen unsere Haltung uns selbst gegenüber, unsere Sicht der Welt und die Art, wie wir unsere Beziehungen erleben. Man kann sich diesen Prozeß als eine Art Familienhypnose vorstellen. Viel von dem, was sich dabei abspielt, entzieht sich völlig unserer bewußten Wahrnehmung. Es ist, als befänden wir uns in einem Trancezustand, der unsere Sicht auf uns selbst und die Welt entsprechend verzerrt. Wenn man uns beispielsweise von Kindesbeinen an einbleut, wir wären schlecht, dann glauben wir es schließlich. Dieser Prozeß kann subtil oder offen vonstatten gehen, aber irgendwann haben wir in beiden Fällen die Sichtweise unserer Eltern *internalisiert* und sehen uns so, wie sie uns sehen.

Für Familientherapeuten ist die Familie ein emotionales System. Eine Familie ist nicht nur eine Ansammlung von Individuen, sondern eine in sich geschlossene Einheit, ähnlich wie beispielsweise ein Volleyball-Team, in dem die Spieler zusammenarbeiten müssen, um das gemeinsame Ziel zu erreichen und das Spiel zu gewinnen. Nur jeweils ein Spieler kann zu einem bestimmten Zeitpunkt die Angabe machen, sonst bricht das Chaos aus. Aber es gibt auch Unterschiede zwischen einer Familie und einem Team. Da die Familie das individuelle Wachstum einzelner Mitglieder unterstützen soll, ist eine gewisse Flexibilität unerläßlich, denn man hat es ja mit Beziehungen und Gefühlen zu tun. Ein flexibles Familiensystem ähnelt einem Volleyball-Team, in dem jeder die Möglichkeit zur Angabe hat. Außerdem ist es ein offenes System: offen für andere Menschen, Ideen, Entwicklungen, Erfahrungen. Ein rigides Familiensystem ist wie ein Team, in dem immer der gleiche Spieler die Angabe macht, keiner außer ihm bekommt eine Chance. Das System ist geschlossen, es gibt keine Kommunikation oder jedenfalls nur in eine Richtung – nämlich von den Eltern zu den Kindern. Die Lösung von Konflikten ist schwierig, wenn Gefühle nicht ausgedrückt werden. Neue Informationen, Ideen und Gefühle werden weder zwischen den Familienmitgliedern untereinander noch mit Individuen oder Institutionen außerhalb der Familieneinheit ausgetauscht. Kinder, die in einem geschlossenen Familiensystem aufwachsen, internalisieren die Rigidität und nehmen sie mit in ihre späteren familiären Beziehungen als Erwachsene. Werden sie sich dessen nicht bewußt, fehlt ihnen die Flexibilität und die Fähigkeit, sich zu ändern.

Familienrollen

Was ist eine Familienrolle? Eigentlich etwas Ähnliches wie die Rolle eines Schauspielers in einem Theaterstück, in dem jedes Ensemblemitglied einen bestimmten Charakter zugewiesen bekommt. In den seltensten Fällen können die Schauspieler ihre Rolle wechseln, und die meisten sind schon geschrieben, bevor der Schauspieler angeheuert wird (beziehungsweise das Baby geboren ist). Zwar hat ein Schauspieler bestimmte Freiheiten (ein paar Zeilen, die er hier und dort improvisieren kann), aber der Rahmen des Stücks ist von vornherein festgelegt. Jeden Abend, wenn das Stück aufgeführt wird, stellen die Schauspieler das gleiche dar.

Statt als einmalige Individuen zu funktionieren, bekommen auch unsere Kinder häufig in der Familie eine Rolle zugewiesen, beispielsweise als «das Baby», als «unser kleines Genie» oder als «der Fürsorger». Wenn eine solche Rolle kein breites Spektrum unterschiedlicher Gefühle zuläßt, wirkt sie rasch wie ein zu enges Korsett. Rollen beeinträchtigen die Authentizität eines Kindes, weil sie ihm starre Persönlichkeitsmerkmale zuweisen.

Familienrollen haben in unseren späteren Beziehungen eine wichtige Bedeutung. Genau so, wie im Theater Abend für Abend die gleiche Vorstellung stattfindet, kehren auch in rigiden Familiensystemen bestimmte Konflikte regelmäßig wieder. Wenn die Familienmitglieder gar nicht merken, daß sie in festgefahrenen Rollen stecken, können sie sich jahrelang über das gleiche Thema streiten – ohne je zu einem befriedigenden Ergebnis zu kommen.

Ein gesundes Familiensystem ist flexibel genug, um das optimale Funktionieren und den Entwicklungsprozeß jedes Erwachsenen und jedes Kindes zu fördern. Ein dysfunktionales Familiensystem hingegen ist darauf angewiesen, daß sich jedes Mitglied auf die vorbestimmte Rolle beschränkt, um den Status quo aufrechtzuerhalten. Sobald eine Person in einem rigiden System Anstalten macht, sich weiterzuentwickeln, wird sie von den anderen Familienmitgliedern massiv unter Druck gesetzt, gefälligst in ihrer Rolle zu bleiben, weil ansonsten der Bestand der Familie bedroht wäre.

Strikte Rollen werden besonders häufig weitergegeben und können so beträchtlich zum unveränderten Fortbestehen des Familienerbes beitragen. Familienrollen sind sogar so einflußreich, daß man besonders darauf achten sollte, ob man in einer bestimmten Rolle feststeckt oder seinen Kindern bereits Rollen zugewiesen hat. Vielleicht erkennen Sie sich selbst oder ein Mitglied Ihrer Familie in einer der folgenden Rollen:

«Braver Junge» oder «braves Mädchen»
«Böser Junge» oder «böses Mädchen»
«Das Baby»

«Unser kleines Genie»
«Der Fürsorger»
«Der Vermittler»
«Das Dummchen»
«Das Schätzchen»
«Wärst du doch nur ein Junge/ein Mädchen geworden»

Betrachten wir diese Rollen etwas eingehender.

Braver Junge/Braves Mädchen: Solche Kinder sind die sprichwörtlichen «kleinen Engel». Sie benehmen sich nie daneben, fügen sich immer, tun das, was man ihnen sagt, bekommen immer gute Noten und haben hervorragende Manieren. Von Lehrern werden sie oft als gutes Beispiel hingestellt. Wo also liegt das Problem? Es ist normal, daß Kinder im Lauf des Heranwachsens die Grenzen ihrer Eltern austesten und in einem gewissen Maß über die Stränge schlagen.

Kinder, die das nicht tun, versuchen meist, es ausschließlich ihren Eltern recht zu machen und nicht sich selbst. Häufig werden aus ihnen Erwachsene mit schwacher Identität und einem Mangel an Leidenschaft und Kreativität. Brave Jungen und Mädchen gehören immer zum Fußvolk, nicht zu den Führungspersönlichkeiten, sie sind notorische Jasager, denen die Meinung anderer übertrieben wichtig ist, weil sie nichts anderes gelernt haben, als anderen zu gefallen.

Sehr oft allerdings drehen brave Jungen und Mädchen im Teenageralter den Spieß um, und ihr nachgiebiges Verhalten wandelt sich ins Gegenteil. In dieser Phase geht es in erster Linie darum, daß der junge Mensch eine von den Eltern getrennte Identität ausbildet, und weil brave Kinder ihr Leben lang versucht haben, die Erwartungen ihrer Eltern zu erfüllen, haben sie jetzt nur die Chance auf eine eigene Identität, wenn sie die rebellische Seite ihrer Natur ausleben.

Böser Junge/Böses Mädchen: Dieses Etikett wird oft schon sehr früh im Leben vergeben. Dabei gehören Neugier, Unternehmungsgeist und der Versuch, die Grenzen auszutesten, zur normalen Entwicklung eines jeden Kindes. Doch wenn wir Kinder als schlecht und böse ansehen, wenn sie nicht brav sind, kann aus dem Etikett leicht ein Stigma für die Zukunft werden.

Jean, Billys Mutter, hat ihrem Sohn die Rolle des bösen Jungen zugewiesen, als er zwei Jahre alt war und sie selbst wieder ein Baby erwartete. Als sie eines Tages auf dem Spielplatz waren, wurde Jean müde und wollte nach Hause gehen, um ein Schläfchen zu machen. Sie erklärte es Billy, aber dieser hatte keine Lust zu gehen und bekam einen Wutanfall. Jean war aufgebracht, weil Billy ihr Bedürfnis nicht akzeptierte – dabei war sein Verhalten für einen Zweijährigen vollkommen normal. Aber sie kam zu dem Schluß, daß Billy ein schlechter, egoistischer Junge war. Von diesem Augenblick an bekam Billy jedes Mal, wenn er nicht gehorchte oder anderer Meinung war als Jean, zu hören, er sei ein böser Junge. Billy wuchs in dem Glauben heran, ein schlechter Mensch zu sein. Als Erwachsener wurde er ständig von einem Gefühl der Scham verfolgt.

Das Baby: Das Baby der Familie ist oft, aber nicht immer, das jüngste Kind. Das Baby genießt das Privileg, unreif sein zu dürfen. Solche Kinder werden behandelt, als wären sie etwas Besonderes. Die Familie kümmert sich um sie, und sie müssen nie erwachsen werden. Wenn ein Kind die Rolle des Babys bekommt, verzeihen ihm die Eltern leichter und öfter. Sie erwarten weniger von ihm, und es muß nur selten die vollen Konsequenzen seines Verhaltens tragen. Babys werden geliebt und verhätschelt und stehen im Mittelpunkt.

Wenn das Baby groß geworden ist und versucht, erwachsene Beziehungen zu knüpfen, hat es oft Schwierigkeiten, seine Rolle aufzugeben. Es erwartete, daß die anderen – Partner, Kollegen und die eigenen Kinder – seine Bedürfnisse bevorzugt behandeln und es weiterhin im Zentrum der Aufmerksamkeit steht. Babys, die selbst Kinder bekommen, wollen sich von ihnen versorgen lassen.

Ninas Mutter Elaine war in ihrer Familie das Baby, und nun erwartet sie, daß sie für Nina immer an erster Stelle steht, sonst ist sie zutiefst verletzt. Als Baby der Familie mußte Elaine ihre Wünsche nie aufschieben. Kinder jedoch, die für ihre eigenen Eltern die Elternrolle übernehmen müssen, neigen dazu, sich ausschließlich um die Gefühle anderer zu kümmern und die eigenen zu vernachlässigen.

Unser kleines Genie: Ein «kleines Genie» ist ein Kind, dessen Leistungen von den Eltern übertrieben herausgestellt und dessen Erfolge überbewertet werden. Natürlich ist es wichtig, sich darüber zu freuen, wenn ein Kind in seiner Entwicklung einen neuen Meilenstein erreicht. Ihr Kind gedeiht, wenn Sie sein Wachstum und seine Entwicklung loben und anerkennen. Doch die Rolle des kleinen Genies kann von der Realität so weit entfernt sein, daß dem Kind ein verschwommenes und unrealistisches Bild von sich selbst vermittelt wird.

In der Rolle des kleinen Genies kann das erste Lächeln eines Babys beispielsweise als Beweis dafür interpretiert werden, daß es im späteren Leben Komiker wird, oder seine ersten Schritte zeigen, daß es als Langstreckenläufer Karriere machen wird. Solche Verzerrungen der Wirklichkeit können das Kind unter einen enormen Druck setzen: Es meint, es müsse Wunder vollbringen und immer höhere Ziele anstreben, auch wenn diese überhaupt nicht innerhalb seiner jeweiligen Entwicklungsphase liegen.

In einem unserer Workshops machte sich ein Elternpaar um seinen fünfjährigen Sohn Jimmy Sorgen. Während er schreiben lernte, hatte man ihm ständig gesagt, wie klug und perfekt er sei. Jetzt wurde er jedes Mal, wenn er einen nicht ganz perfekten Buchstaben schrieb, so wütend, daß er das Blatt zerriß und in Tränen ausbrach. Wie wir in Kapitel 6 noch näher besprechen werden, brauchen Kinder eine akkurate Rückmeldung, damit sie sich selbst als Anfänger sehen und Fehler machen dürfen. Kinder in der Rolle des Genies leiden unter unrealistischen Leistungsanforderungen und sind nie mit ihren eigenen Leistungen zufrieden.

Der Fürsorger: Die meisten von uns kennen die Rolle des Fürsorgers. Wenn ein Familienmitglied die Aufgabe bekommt, sich um das emotionale Wohlergehen anderer zu kümmern, fällt ihm die Rolle des Fürsorgers zu. Bis zu einem gewissen Grad haben wir alle die Fähigkeit und den Wunsch, für andere zu sorgen und uns nicht nur um unsere eigenen Belange zu kümmern. Es ist wichtig für uns, die Gabe der Empathie zu entwickeln, uns in andere Menschen hineinzuversetzen. Wir müssen in der Lage sein, unsere eigenen Gefühle zurückzustellen und uns um die von anderen zu kümmern, wenn es die Situation verlangt. Wenn Ihr Baby krank ist, überwinden Sie zum Beispiel Ihre Müdigkeit und kümmern sich um Ihr Kind, weil es dies nicht selbst tun kann.

Wenn ein Fürsorger sein emotionales Leben jedoch gänzlich in den Dienst eines anderen Menschen stellt, sind die Konsequenzen verheerend. Sicher kennen Sie den Begriff der Co-Abhängigkeit. Er stammt aus der therapeutischen Beratung von Familien mit Alkoholproblemen. Co-Abhängigkeit entsteht, wenn wir in unangemessener Weise die Fürsorge für eine geliebte Person übernehmen, die mit einer Sucht zu kämpfen hat. Inzwischen wird der Begriff auch in anderen Zusammenhängen verwendet und ist praktisch mit der Bezeichnung Fürsorger gleichzusetzen. Jedes Familienmitglied, das *automatisch* das Wohl eines anderen über das eigene setzt, kann als co-abhängig bezeichnet werden. Oft verwehrt ein Fürsorger denjenigen, die er unterstützen will, die Chance, für ihr eigenes Verhalten Verantwortung zu übernehmen. Kinder werden von Eltern, die die Rolle des Fürsorgers übernommen haben, oft in die Opferrolle gedrängt. Solche Kinder geben anderen die Schuld an ihren eigenen Schwierigkeiten, und sie lernen nie, ihre eigenen Probleme zu lösen.

Beispielsweise hat Michelle vergessen, sich in der Bücherei ein Buch für einen Schulaufsatz auszuleihen. Weil ihre Mutter abends arbeitet, fungiert Elizabeth, ihre ältere Schwester, als Michelles Fürsorger. Elizabeth geht für sie zur Bibliothek, als Michelle schon schläft, und schreibt beinahe den ganzen Aufsatz selbst, damit Michelle keine schlechte Note bekommt. Durch diese Art von Hilfe nimmt sie Michelle jedoch die Chance, sich mit den Konsequenzen ihres Verhaltens auseinanderzusetzen. Wenn ein Kind ständig aus schwierigen Situationen «gerettet» wird, kann dies ein tiefsitzendes Gefühl der Hilflosigkeit verstärken.

Der Vermittler: Der Vermittler ist eine Variante des Fürsorgers. Seine Aufgabe ist es, jedermanns Gefühle wahrzunehmen, um Konflikte zu vermeiden. Falls dennoch Meinungsverschiedenheiten und Differenzen auftreten, glättet der Vermittler die Wogen und macht alle glücklich. In konfliktbeladenen Familien übernehmen Kinder häufig diese Rolle und fungieren für ihre Eltern als Schiedsrichter. Solche Kinder wachsen mit Schuldgefühlen auf und fühlen sich verantwortlich für das Unglück ihrer Eltern, vor allem, wenn eine Ehe mit einer Scheidung endet.

Das Dummchen: Für diese Rolle gibt es noch viele andere Namen, wie «Tolpatsch», «Transuse», «Traumtänzer» oder einfach «Depp». Kinder bekommen das Etikett «Dummchen», wenn sie den Erwartungen ihrer Eltern nicht gerecht werden. Irgendwann lernen sie dann, Aufmerksamkeit dadurch zu gewinnen, daß sie überhaupt nichts mehr richtig machen, denn leider ist es eine traurige Wahrheit, daß für Kinder negative Aufmerksamkeit immer noch besser ist als gar keine. Man sollte immer daran denken, daß Fehlermachen zum Leben gehört. Wenn wir Kinder ständig kritisieren und ihnen eine negative Rolle zuschieben, glauben sie irgendwann, daß die Kritik der Wahrheit entspricht.

Drew beispielsweise wurde von seinen Eltern bei jeder passenden und unpassenden Gelegenheit vorgeworfen, er hätte eine Dummheit gemacht. Jetzt, als Erwachsener, traut er sich überhaupt nichts mehr zu und blickt pessimistisch in die Zukunft. Seine Rolle als Dummchen hat Drew daran gehindert, sich zu entwickeln, seine Talente zu fördern oder eine berufliche Weiterbildung zu wagen. Weil er an die Rolle glaubte, die ihm als Kind zugewiesen worden war, schlidderte er von einem aussichtslosen Job in den nächsten.

Das Schätzchen: Das Lieblingskind bekommt immer die liebevollste Zuwendung. Es kann nichts falsch machen. Das Schätzchen ist meist entweder das jüngste oder das älteste Kind.

Liza wurde geboren, nachdem ihre Eltern eine Abtreibung und eine Fehlgeburt hinter sich hatten. Sie war das Kind, auf das sie gewartet und um das sie gebetet hatten. Weder ihr kleiner Bruder noch ihre Schwester konnten ihr den Familienthron streitig machen, ganz gleich, wie sehr sie sich auch anstrengten.

Wenn es in einer Familie ein Schätzchen gibt, fühlen sich Geschwisterkinder oft vernachlässigt, und diese emotionalen Wunden können sie noch bis ins Erwachsenenleben beeinflussen. Die Rolle des Schätzchens ruft bei den anderen Familienmitgliedern Mißgunst, Neid und Eifersucht hervor.

Trotzdem ist das bevorzugte Kind nicht unbedingt in einer glücklichen Lage. Weil es im Zentrum der Aufmerksamkeit steht, hat es auch den Löwenanteil des Familienerbes zu tragen. Ist dieses hauptsächlich negativ, so kann es bei dieser Rolle leicht zu emotionalen Störungen kommen.

Wärst du doch ein Junge/ein Mädchen geworden: Viele Kinder leiden unter dem Schicksal, daß sie dem falschen Geschlecht angehören, weil sich ihre Eltern unbedingt ein Kind mit dem jeweils anderen Geschlecht gewünscht haben. Gleichgültig, was diese Kinder tun oder sind, sie leben ständig in dem Gefühl, daß etwas mit ihnen nicht stimmt. Sharons Vater Philip beispielsweise hat drei Schwestern. Er hat sich immer einen Bruder gewünscht. Als seine Frau schwanger wurde, betete er um einen Sohn, und als Sharon auf die Welt kam, mußte Philip seine Enttäuschung verbergen, sogar vor sich selbst. Er war ein liebevoller Vater, aber sein Verhältnis zu Sharon war davon gekennzeichnet, daß er sie stets zu rauhen Spielen und Sportarten anfeuerte. Sharon wuchs mit dem Gefühl auf, daß sie die Anerkennung ihres Vaters verlor, sobald sie sich typisch weiblichen Dingen – Puppenspielen, sich Verkleiden oder Ballett – zuwandte. Ständig hatte sie das Gefühl, sich beweisen zu müssen und besser zu sein als alle Jungen in der Nachbarschaft. Dieser Druck lastete so schwer auf ihrem Selbstwertgefühl, daß sie sich noch als Erwachsene immer irgendwie minderwertig vorkam.

Geschlechterrollen

Hierbei handelt es sich um rigide, kulturell und familiär vermittelte Erwartungshaltungen, die Jungen und Mädchen vorschreiben, was sie zu fühlen haben und wie sie sich verhalten sollen. Auch geschlechtsspezifische Rollenklischees werden als Familienerbe weitergegeben. Von Geburt an erwartet man von Jungen und Mädchen unterschiedliche Verhaltensweisen: Kleine Mädchen sollen nett, sanft, fügsam, sensibel, emotional und passiv sein und sich dafür interessieren, wie man Hausfrau und Mutter wird. In den fünfziger Jahren gingen junge Frauen aufs College, um ihr «Ehefrauen»-Diplom zu machen, sprich, um einen Mann zu finden. Von kleinen Jungen dagegen wird erwartet, daß sie aggressiv, rauh und wild sind, daß sie ihre Gefühle nicht zeigen, daß sie hart und kompetent erscheinen. Diese stereotypen Erwartungshaltungen schlagen sich in Sätzen nieder, deren schädliche Wirkung inzwischen allseits bekannt ist, wie zum Beispiel: «Große Jungen weinen nicht» oder «Mädchen sind immer so empfindlich und machen aus allem gleich ein Drama».

In dem Krankenhaus, in dem Tom auf die Welt kam, bekamen neugeborene Jungen einen Fußball geschenkt, Mädchen hingegen gingen leer aus. Obwohl solche eklatanten Ungerechtigkeiten heutzutage vielleicht nicht mehr so häufig vorkommen, ändern sich tief verwurzelte Überzeugungen und Vorurteile nur sehr langsam.

Geschlechtsrollen sind grundsätzlich restriktiv, denn sie zwingen einen Menschen, jeweils die Bedürfnisse abzuspalten, die angeblich seinem eigenen Geschlecht nicht entsprechen. Wir glauben, daß ein großer Teil der geschlechtsspezifischen Verhaltensweisen im Familiensystem erlernt wird, wobei allerdings auch dem sozialen und kulturellen Umfeld eine große Bedeutung zukommt. Es ist sehr schwierig zu unterscheiden, welche Geschlechtsunterschiede angeboren und biologisch bedingt sind und welche erlernt werden und somit veränderbar sind. Eine ausführliche Erörterung dieses Themas würde den Rahmen dieses Buches sprengen, aber es steht fest, daß Eltern sehr viel tun können, um die viel zu engen Grenzen der konventionellen Rollenklischees aufzuweichen.

Dauerhafte, echte Veränderung muß innerhalb unserer Familien beginnen. Anpassung an rigide Geschlechterrollen raubt den Mädchen ebenso wie den Jungen die Möglichkeit, ein Gefühl von Ganzheit zu erlangen. Sobald wir unsere Vorurteile als solche erkennen, können wir unsere Kinder dazu ermutigen, die ganze Bandbreite ihrer emotionalen Ausdrucksfähigkeit auszuschöpfen. Erst dann werden unsere Mädchen und Jungen sowohl nachgiebig als auch stark sein können, sanft und kompetent, verbunden und unabhängig.

Die Zuweisung von Eigenschaften

Wenn wir einem Kind bestimmte Eigenschaften zuweisen, übersehen wir dabei häufig, daß es vielleicht noch eine ganze Menge anderer Qualitäten besitzt. Manchmal sind die zugewiesenen Eigenschaften positiv – das kluge oder das hübsche Kind, der Sportler, der Komiker –, aber es gibt auch genügend negative: das tolpatschige, das verwöhnte, das alberne, das sture, das kranke, das stille Kind, der Eigenbrötler, der Wüterich, der Egoist. Oft nehmen Eltern jede Verhaltensweise wahr, die sich dem betreffenden Etikett zuordnen läßt, und verstärken diese, während sie solche, die nicht ins Bild passen, einfach ignorieren.

Donnas Eltern haben ihr beispielsweise immer gesagt, sie sei hübsch – «genau wie die Mama». So bekam Donna das Gefühl, das einzig Besondere an ihr wäre ihre Schönheit, und demzufolge definierte sie ihren Selbstwert rein über ihr Äußeres. Sie wurde unsicher, kümmerte sich zwanghaft um ihr Aussehen und fand es schwierig, darauf zu vertrauen, daß ihre Leistungen und ihre Freundschaften auch auf anderen guten Eigenschaften beruhten.

Sobald eine einzelne Eigenschaft die gesamte Identität eines Kindes bestimmt, gibt es später ein Erbe weiter, das in irgendeiner Weise verzerrt ist. In Donnas Fall übermittelte die Mutter eine übermäßige Beschäftigung mit dem äußeren Erscheinungsbild. Doch als Donna selbst ein Kind bekam, versuchte sie, das Gegenteil zu betonen, und ihre Tochter lernte, sich unattraktiv zu fühlen. Melinda war überzeugt, ihrer schönen Mutter niemals das Wasser reichen zu können.

Gebote

Gebote teilen dem Kind mit, wie es denken, fühlen und sich verhalten soll. Oft werden diese Befehle von uns gar nicht bewußt wahrgenommen, weil wir die ihnen zugrundeliegende Haltung so sehr verinnerlicht haben, daß sie uns selbstverständlich geworden sind. Gebote können spezifisch oder allgemein sein, manchmal werden sie explizit mit Worten vermittelt, manchmal implizit durch unser Verhalten. Erkennen Sie in der folgenden Liste häufiger Gebote eigene Überzeugungen?

Fühl dich nicht ... *Sei nicht ...*	*Fühl dich lieber ...* *Sei lieber ... (und zwar immer!)*
Traurig	Fröhlich
Wütend, ärgerlich, aufgebracht	Lieb
Laut	Böse
Aufgeregt, lebendig, wild	Vernünftig
Gut, glücklich	Interessant
Anders	Zurückhaltend
Sexuell	Still
Erfolgreicher als die Eltern	Kooperativ, hübsch
Hübsch	Klug
Klug	Kreativ

Lernen durch Vorbild

Vorbild-Lernen oder Modell-Lernen ist eine Form des sozialen Lernens durch Beobachtung. Man lehrt Kindern familiäre Verhaltensmuster, indem man sie ihnen vorlebt. Überhaupt lernen Kinder mehr durch Beobachtung als durch Zuhören. So können Sie als Eltern zum Vorbild für Geschlechterrollen, Moralvorstellungen, Beziehungen, Denkstile, Problemlösungstechniken und soziale Fähigkeiten werden. Auch ein solches Erbe kann positiv oder negativ sein. Von einem positiven Vorbild hören die Kinder, daß Jungen und Mädchen gleichwertig sind; die Aufgaben im Haushalt werden zwischen den Eltern gleichmäßig aufgeteilt und nicht anhand traditioneller geschlechtsspezifischer Regeln. Durch das Verhalten – nicht durch die Worte – übernehmen die Kinder diese Einstellung.

Überhaupt erkennen Kinder Diskrepanzen zwischen Worten und Verhalten sehr schnell. Mitch und Connie waren seit zehn Jahren verheiratet und hatten zwei Kinder, Samantha und George. Es war eine stürmische Ehe: Connie und Mitch waren nie einer Meinung, und sie konnten ihre Differenzen auch nicht lösen, wenn sie Streit hatten.

Konflikte endeten damit, daß entweder der eine oder andere aus dem Zimmer rannte und die Tür hinter sich zuknallte.

Wenn Samantha und George eine Meinungsverschiedenheit hatten, sagten die Eltern: «Ihr müßt lernen, miteinander auszukommen. Warum zieht ihr nicht an einem Strang?» Doch Samantha und George durchschauten mit ihren neun beziehungsweise sieben Jahren die Diskrepanz zwischen Worten und Taten, und anstatt das zu tun, was die Eltern ihnen sagten, ahmten sie deren Verhalten nach. Demzufolge fehlten auch ihnen Lösungsmöglichkeiten für ihre Geschwisterstreitereien. Höchstwahrscheinlich wiederholen George und Samantha in ihren zukünftigen Beziehungen mit Erwachsenen und auch mit ihren eigenen Kindern das, was ihnen übermittelt wurde.

Familien, bei denen es zwischen Vater und Mutter keine strikte Aufgabenteilung gibt, sondern sich beide Eltern für den Gesamtablauf verantwortlich fühlen, haben einen positiven Einfluß auf die Kinder. In der Klasse des achtjährigen Jeffrey sollte ein Kochprojekt durchgeführt werden. Als der Lehrer es ankündigte, nörgelten einige Jungen: «Bei so einem Mädchenkram machen wir nicht mit!» Aber Jeffrey meinte: «Von wegen Mädchenkram – als ich letzte Woche Geburtstag hatte, hat mein Dad den Geburtstagskuchen gebakken.» Jeffreys positive Reaktion brach den anfänglichen Widerstand der anderen Jungen.

Für Eltern ist es sehr wichtig, das eigene Verhalten zu überprüfen. Sind Sie Vorbild für die Meinungen, Verhaltensweisen und Wertvorstellungen, die Sie Ihrem Kind weitergeben wollen? Sehen Sie sich ganz genau an, wo Widersprüche klaffen zwischen dem, was Sie sagen, und dem, was Sie tun, denn das hilft Ihnen, Ihrem Kind klare Botschaften zu vermitteln und ein unmißverständliches Vorbild zu bieten.

Mündlich überlieferte Geschichten

Hier geht es um das, was wir als Kinder über unsere Eltern oder andere Verwandte erzählt bekommen. Familiengeschichten können das Identitätsgefühl eines Kindes stärken. Sie vermitteln ein Gefühl für Tradition und für den eigenen Platz in Zeit und Raum. Joeys Großvater war Kapitän. Während Joey heranwuchs, hörte er viele Geschichten über die Abenteuer und den Mut seines Großvaters, wie er Schmuggler überlistet und schreckliche Stürme überstanden hatte. Die Tapferkeit seines Großvaters inspirierte Joey und vermittelte ihm das Gefühl, in einer Tradition aufrechter und mutiger Männer zu leben.

Eileen hörte als Kind viel von den Erlebnissen ihrer Großmutter Gussie, einer russischen Einwanderin, die Anfang des Jahrhunderts in der Gewerkschaftsbewegung im New Yorker Garment District aktiv gewesen war. Für ihre Überzeugung riskierte sie ihren Job und wäre fast ins Gefängnis gekommen. Das machte Eileen stolz und gab ihr das Vertrauen, ebenfalls für ihre Meinung einzustehen, wenn sie mit einer Ungerechtigkeit konfrontiert wurde.

Geschichten werden destruktiv, wenn wir unseren Kindern Dinge erzählen, die sie in ihren Zukunftsplänen einschränken. Als Tom beispielsweise den Wunsch äußerte, Musik zu studieren, behauptete sein Vater: «In unserer Familie war noch keiner musikalisch.» Dadurch bekam Tom das Gefühl, ihm fehle irgendeine mysteriöse, angeborene, ererbte Eigenschaft, die man braucht, um ein erfolgreicher Musiker zu werden. Er glaubte, man könne Musizieren nicht lernen, sondern müsse mit bestimmten Voraussetzungen geboren sein.

Verhaltens- oder Denkmuster, die unsere Kinder in ihrer Entwicklung behindern, können einen lähmenden Effekt haben. Fallen Ihnen Rollen, Verbote, Eigenschaften, Vorbilder oder Geschichten ein, die Ihre Vorstellung von dem, was Sie oder Ihre Kinder erreichen könnten, eingeschränkt haben?

Wir alle wollen unsere Kinder so erziehen, daß sich ihnen möglichst vielfältige Möglichkeiten eröffnen, und auf bewußter Ebene unterstützen wir ihre zarte Persönlichkeit. Aber jeder von uns verfügt auch über eine bestimmte Ausrüstung von Wertvorstellungen und Überzeugungen, die wir in den Erziehungsprozeß mit einbringen. Es ist wichtig, nicht nur die gegenwärtigen Werte und Meinungen zu überprüfen, sondern auch in die Vergangenheit zu blicken. Wenn wir das tun, erkennen wir die Geschichte unserer Gefühle, unserer emotionalen Bedürfnisse und Verhaltensmuster. Nur so können wir bewußt entscheiden, was wir unseren Kindern weitergeben.

KAPITEL 3

Was haben uns unsere Eltern vermittelt?

Es ist die Regel, daß Eltern durch ihre Kinder alte Bindungen zu ihrer Vergangenheit neu knüpfen.
T. Berry Brazelton; Bernard G. Cramer, Die frühe Bindung

Nun, da Sie wissen, wie emotionale Erblasten weitergegeben werden, können wir beginnen, Ihr persönliches Erbe zu identifizieren und zu analysieren, wie es sich auf Ihre Kinder auswirkt. Wie Sie bald sehen werden, ist dies eine ausgesprochen lohnenswerte Arbeit. Wir haben alle Erinnerungen und Erfahrungen, die uns lieb und wert sind, aber auch solche, die uns weh tun und die wir lieber vergessen möchten. Sicher erinnern wir uns gern an Geburtstagsfeiern und Picknicks am Strand, aber wir denken nur sehr widerwillig an Situationen, in denen wir uns verlassen, ungerecht behandelt oder wütend fühlten. In unseren Workshops fragen uns Eltern oft: «Warum soll ich diese schmerzlichen Erinnerungen wieder aufwärmen? Ich will nicht in der Vergangenheit leben. Ich will meine Eltern nicht für irgend etwas verantwortlich machen. Ich möchte nur selbst eine gute Mutter/ein guter Vater sein.»

Wir geben jedoch fast immer genau die Erinnerungen und Erfahrungen unbewußt weiter, mit denen wir lieber nicht konfrontiert werden wollen. Nur indem wir uns bewußt anschauen, was wir im allgemeinen lieber verdrängen, werden wir frei, um in der Gegenwart mit unseren Kindern neue und bessere Entscheidungen zu treffen. Zu lernen, die Fehler der eigenen Eltern zu vermeiden, ist ein Prozeß, der Übung, Konzentration und Verständnis erfordert. Aber wenn Sie lernen, anders zu sein als Ihre Eltern, werden Sie sehen, daß Ihre ganze Familie an Selbstwertgefühl und Selbstvertrauen gewinnt, und Sie werden sich einander näher fühlen.

Wir haben einen Fragebogen entworfen, mit dessen Hilfe es Ihnen möglicherweise gelingt, in Bereiche vorzudringen, wo Ihre emotional wunden Punkte liegen. Die Beantwortung dieser Fragen kann eine harte und manchmal auch schmerzvolle Arbeit sein, die sich aber in fast allen Fällen lohnt, weil sie Gefühle, die seit langem verschüttet waren, an die Oberfläche bringt. Wenn Sie die Stellen kennen, an denen Sie emotional verwundbar sind, können Sie auch lernen, Ihr Verhalten zu kontrollieren. Wenn Ihre Kinder jetzt an Ihren Verletzungen rühren, rufen sie keine Reaktionen hervor, die ihren Ursprung in Ihrer eigenen Vergangenheit haben.

Wenn Sie beispielsweise die Frage 1 – «Habe ich mich von meinen Eltern geliebt gefühlt?» – mit nein beantworten, so werden Sie wahrscheinlich übertrieben stark reagieren, wenn Ihre Tochter in einem Augenblick der Frustration schreit: «Ich hasse dich, Mam!» Anstatt die Äußerung des Kindes als Ausdruck eines momentanen Gefühlszustands zu sehen, interpretieren Sie sie vor dem Hintergrund, daß Sie sich von Ihren Eltern und jetzt von Ihrem Kind nicht geliebt fühlen.

Je mehr Sie über sich selbst erfahren, desto weniger reagieren Sie unbewußt auf Botschaften, die Ihnen von Ihren Eltern vermittelt wurden und die nun von Ihren Kindern wieder wachgerufen werden. Es fällt Ihnen zunehmend leichter, sich wirklich auf die aktuellen Emotionen Ihrer Kinder einzulassen, weil sie Ihren eigenen Emotionen immer weniger ausgeliefert sind. Andernfalls werden Sie sich dabei erwischen, daß Sie von Ihren Kindern die emotionale Unterstützung zu bekommen versuchen, die Sie von Ihren Eltern nicht bekommen haben.

Howards Vater war emotional und körperlich distanziert, und

sein Sohn sehnte sich vergebens nach seiner Zuwendung. Als Vater versuchte Howard nun, seinen Kindern das zu geben, was er selbst nicht gehabt hatte – jede Menge Wärme und Zeit für gemeinsames Spiel. Wunderbar! Aber Howard merkte nicht, daß er gleichzeitig von seinen Kindern die Wärme und körperliche Zuwendung einforderte, die er nie von seinem Vater bekommen hatte. Zu seinem Leidwesen mußte er feststellen, daß es Gelegenheiten gab – zum Beispiel, wenn die Kinder spielten –, bei denen sie von körperlichem Kontakt nichts wissen wollten. In solchen Situationen brachen bei Howard alte Wunden wieder auf, und er fühlte sich einsam und zurückgewiesen. Wenn sich Howard seiner emotionalen Sehnsüchte bewußt wäre, müßte er seine Kinder nicht mehr dazu drängen, seine Vergangenheit wiedergutzumachen; und seine Kinder hätten die Freiheit, eine Umarmung abzulehnen, ohne deshalb befürchten zu müssen, ihren Vater zu kränken.

Das eigene Familienerbe erkennen

Wir empfehlen Ihnen, die Antworten auf die folgenden Fragen direkt in dieses Buch einzutragen. Wenn Sie die Fragen durchgehen, achten Sie auf Ihre Gefühle und auf die Erinnerungen, die eventuell in Ihnen aufsteigen, und schreiben Sie diese ebenfalls auf. Auf diese Weise können Sie sich den Themen annähern, die für Sie bedeutungsvoll sind.

Sich geliebt fühlen

Die Fragen in diesem Abschnitt werden Ihnen helfen, die Qualität der Beziehung zu erforschen, die Sie zu Ihren Eltern hatten. Um eine wirklich starke Bindung mit einem Familienmitglied zu erfahren, muß man spüren, daß man erwünscht ist, geliebt und akzeptiert wird und daß man dem anderen wichtig ist. Wir alle haben das Bedürfnis, den Satz «Ich liebe dich» zu hören, aber wirklich angewiesen sind wir auf den Ton, in dem er ausgesprochen wird.

Wenn Ihre Mutter oder Ihr Vater mit zusammengebissenen Zähnen «Ich liebe dich» hervorstößt, kommen Sie sich nicht geliebt vor. Aber wenn er oder sie Ihnen zärtlich übers Haar streicht, vermittelt Ihnen diese Geste das Gefühl von Liebe, selbst wenn die Worte nicht ausgesprochen werden.

1. Habe ich mich von meinen Eltern geliebt gefühlt?

___

2. Woher wußte ich, daß meine Eltern mich lieben?

___

3. Hat jemand je zu mir gesagt: «Ich liebe dich»?

___

4. Wie haben meine Eltern ihre Liebe gezeigt?

___

5. Habe ich mich danach gesehnt, geliebt zu werden?

___

6. Wer hat mich geliebt (Eltern, Bruder, Schwester, Großeltern, Haushälterin, Tante, Onkel, Lehrer, Nachbar, Haustier)?

___

7. Hat man in meiner Familie Zuneigung gezeigt?

___

8. Haben Familienmitglieder mich oft berührt oder in den Arm genommen?

___

9. Wollten sie mich bei sich haben?

___

10. Hat jemand mir Aufmerksamkeit geschenkt? Wer?

___

11. Habe ich mich als etwas Besonderes gefühlt?

---

12. War ich ein Wunschkind?

---

13. Habe ich mich in der Familie erwünscht gefühlt?

---

14. Haben sich meine Eltern um meine körperlichen Bedürfnisse gekümmert (Kleidung, Obdach, Essen, Gesundheit)?

---

15. Haben sie zuverlässig für mich gesorgt?

---

16. Haben meine Eltern Versprechen gehalten?

---

17. Haben Arbeitstermine, Depressionen oder Krankheiten meine Eltern manchmal daran gehindert, sich um mich zu kümmern?

Emotionale Unterstützung

Kinder brauchen Eltern, die emotional präsent sind, und diese Präsenz muß zuverlässig und konsequent sein. Emotionale Unterstützung bedeutet, daß man die Gefühle des Kindes anhört, anerkennt, respektiert und akzeptiert.

1. Waren meine Gefühle wichtig?

---

2. Standen meine Eltern auf meiner Seite?

---

3. Waren meine Eltern emotional verfügbar, wenn ich sie brauchte?

---

4. Hatte ich das Gefühl, daß meine Eltern meine Gefühle bemerkten und verstanden?

5. Habe ich meine Bedürfnisse erfolgreich geäußert?

6. Wurde meine Sicht der Dinge ernst genommen?

7. Habe ich meine wahren Gefühle versteckt?

8. Haben meine Eltern mein wahres Selbst wahrgenommen?

9. Durfte ich meinen eigenen Interessen nachgehen?

10. Haben mir meine Eltern «immer» gesagt, was ich tun soll?

11. Haben mich meine Eltern unterstützt, wenn meine Gefühle anders waren als ihre?

12. Mußte ich rebellieren, um anders zu sein?

13. Wer hat mich versorgt, wenn ich krank war?

14. Habe ich nur besondere Aufmerksamkeit bekommen, wenn ich krank war?

15. Haben mich meine Eltern getröstet, wenn ich mir weh getan habe?

16. Hatte ich oft das Gefühl, verrückt zu sein
oder daß irgend etwas nicht mit mir stimmte?

17. Kam mir mein Familienleben richtig vor?

18. Hatten meine Eltern Vertrauen in meine Fähigkeiten?

19. Haben sie mich als Anfänger unterstützt und ermutigt?

20. Haben sie mich emotional unterstützt,
wenn ich versagt oder Fehler gemacht habe?

21. Hatte ich als Kind oft Angst?

22. Habe ich immer befürchtet,
daß etwas Schlimmes passiert?

23. Haben mich meine Eltern beruhigt,
wenn ich Angst hatte?

24. Habe ich mich allein gefühlt?

25. Haben meine Eltern ihre Gefühle gezeigt?

26. Mußte ich mich um meinen Vater oder meine Mutter
kümmern, wenn es ihnen emotional nicht gutging?

Erwartungen

Es ist ganz normal, daß wir für unsere Kinder das Beste wollen. Als Eltern haben wir alle bestimmte Erwartungen, Hoffnungen, Wünsche und Träume. Wir freuen uns über ihre Leistungen und Erfolge. Weil alle Eltern solche Impulse haben, kommen Kinder leicht zu der Annahme, daß ihre Leistung wichtiger ist als ihre Person an sich. Die Fragen in diesem Abschnitt dienen dazu herauszufinden, ob Sie als Kind diesen Druck gespürt haben.

1. Haben meine Eltern meinen Leistungen mehr Beachtung geschenkt als meinen Gefühlen?

___

2. Hatte ich das Gefühl, daß meine Eltern zu hohe Erwartungen in mich setzten?

___

3. Mußte ich etwas leisten, um mich akzeptiert zu fühlen?

___

4. Mußte ich perfekt sein?

___

5. Waren meine Eltern mit mir zufrieden?

___

6. Habe ich mich in der Familie wichtig gefühlt?

___

7. Hatte ich das Gefühl, meine Wichtigkeit wurde übertrieben?

___

8. Haben meine Eltern zugelassen, daß ich erfolgreich war?

___

9. Haben sie mir es zugestanden, wenn ich mehr wußte als sie?

10. Haben sie mich daran gehindert, einen erfolgreichen Elternteil oder ein Geschwisterkind zu überflügeln?

11. Haben sie von mir erwartet, daß ich einen erfolgreichen Elternteil oder ein Geschwisterkind überflügle?

Disziplin

Es gibt drei Stile der Disziplinierung: autoritär, permissiv und autoritativ. Autoritäre Eltern sagen: «Tu es, weil ich es dir sage.» Permissive Eltern sagen: «Tu, was du willst.» Autoritative Eltern dagegen sind konsistent und logisch und ziehen den Standpunkt des Kindes mit in Betracht (siehe Kapitel 8). Beim Aufdecken Ihres Familienerbes ist es hilfreich, den Disziplinierungsstil Ihrer Eltern zu erkennen. Oft wiederholen wir ihn oder reagieren zumindest auf ihn, indem wir das Gegenteil vertreten.

1. Haben meine Eltern Regeln aufgestellt, um mich zu beschützen oder um mich zu bestrafen?

2. Wie haben meine Eltern für Disziplin gesorgt?

3. Haben meine Eltern mich geschlagen?

4. Wie oft haben sie mich geschlagen?

5. Haben sie irgendein Objekt benutzt, um mich zu schlagen?

---

6. Wurde ich bestraft, wenn ich weinte?

---

7. Haben meine Eltern mich mit Liebesentzug bestraft?

---

8. Haben sie mich bestraft, indem sie nicht mehr mit mir redeten?

---

9. Haben sie mich angeschrien?

---

10. Haben meine Eltern mich bestraft, indem sie mich kritisierten und mir Schimpfnamen gaben?

Familienkonflikt

Konflikte und Meinungsverschiedenheiten sind ein normaler Teil des Familienlebens. Kinder können Unstimmigkeiten verkraften, wenn der Streit gelöst wird. Doch wenn Familienstreitereien ohne Lösung fortdauern, werden Kinder unsicher und verängstigt. Wenn emotionale Spannungen und Unstimmigkeiten übertüncht und unter den Teppich gekehrt werden, kann daraus ein Familienerbe entstehen.

1. Habe ich gehört oder gesehen, wie meine Eltern sich handgreiflich gestritten haben?

---

2. Wurde jemand bei einem solchen Streit physisch oder psychisch verletzt?

---

3. Haben meine Eltern über ihre Auseinandersetzungen gesprochen oder diese irgendwie erklärt?

---

4. Hatte ich die Rolle des Schlichters bei ihren Auseinandersetzungen?

---

5. Wurde ich von einem Familienmitglied geschlagen oder tyrannisiert (einschließlich Geschwister?)

---

6. Haben meine Eltern die Kontrolle über sich verloren, wenn sie wütend waren?

---

7. Haben meine Eltern oder Geschwister mich oft beschimpft oder gehänselt?

Geschlechterrollen

Geschlechterrollen können das Leben eines Kindes stark beeinflussen (siehe Kapitel 2). Von beiden Elternteilen lernen Kinder sehr viel über ihre Identität als Mann oder Frau.

1. Was habe ich von meinen Eltern über meine eigene Männlichkeit beziehungsweise Weiblichkeit gelernt?

---

2. War es angenehm, ein Junge/Mädchen in meiner Familie zu sein?

---

3. Durften Männer in meiner Familie ängstlich oder abhängig sein?

---

4. Durften Frauen stark, klug und unabhängig sein?

---

5. Inwiefern wurde die Beziehung meiner Eltern zu mir dadurch geprägt, daß beide unterschiedliche Wertvorstellungen für männliches/weibliches Verhalten hatten?

---

6. Bin ich mit dem «falschen» Geschlecht geboren? Wenn ja, wie hat das meine Weltsicht und meine Entscheidungen beeinflußt?

---

7. Habe ich mein gleichgeschlechtliches Elternteil bewundert und wollte ihm/ihr nacheifern?

Sexualität

Sexualität gehört zum Leben. In der Vergangenheit hat man Kinder und Jugendliche mit ihren sexuellen Empfindungen und körperlichen Veränderungen meist allein gelassen. Unsere eigenen Erfahrungen in der Pubertät und die Überzeugungen und Werte unserer Eltern hinsichtlich der Sexualität sind wichtige Aspekte unseres Erbes, die wir uns bewußt machen sollten. Viele Kinder werden sexuell mißbraucht, ohne dies bewußt zu erkennen. Eltern, die einen Mißbrauch in der eigenen Kindheit verdrängen, haben möglicherweise Schwierigkeiten, ihren eigenen Kindern liebevolle Unterstützung und klare Informationen zu geben, wenn diese in ein Alter kommen, in dem sie mit ihrer Sexualität konfrontiert werden. Wenn die Fragen in diesem Abschnitt (oder die Fragen zu Drogen und Alkohol) bei Ihnen verdrängte Erinnerungen wachrufen, sollten Sie in Erwägung ziehen, professionelle Hilfe von einem Therapeuten in Anspruch zu nehmen oder aber sich einer Selbsthilfegruppe anzuschließen.

1. Haben meine Eltern meine sexuellen Gefühle als junger Mann/ junge Frau akzeptiert?

---

2. Hat mich jemand auf eine Art angefaßt oder gestreichelt, die ich als unbehaglich oder unangemessen empfand?

---

3. Falls ja, mußte ich das geheimhalten?

---

4. Habe ich mich sicher gefühlt?

---

5. Gab es in meiner Familie sexuelle Geheimnisse?

---

6. Habe ich gelernt, daß Sexualität ein normaler Teil des Lebens ist?

---

7. Hat sich meine Beziehung zu einem Elternteil in der Pubertät dramatisch verändert?

---

8. Konnte ich mit beiden Eltern über Sexualität sprechen?

Drogen und Alkohol

Drogen- und Alkoholmißbrauch kann die Elternfähigkeiten eines Erwachsenen stark beeinträchtigen. Oft wird Drogenmißbrauch und Alkoholismus im Familienleben verleugnet oder geheimgehalten, doch wenn es derartige Probleme gibt, werden Kinder regelmäßig überfordert. Oft müssen Kinder dann die Rolle des Erwachsenen übernehmen, weil die Eltern ihrer Aufgabe krankheitsbedingt nicht mehr angemessen gerecht werden können. Da Alkohol- und Drogenkonsum in der modernen Kultur so häufig geworden sind, ist es oft schwer, die Grenze zwischen Konsum und Mißbrauch zu erkennen. Wenn Sie zusätzliche Hilfe brauchen, um festzustellen, ob in Ihrer Familie eine Suchtkrankheit besteht, sollten Sie sich an die Anonymen Alkoholiker oder eine andere Suchthilfeorganisation in Ihrer Umgebung wenden (die entsprechenden Nummern sind im örtlichen Telefonbuch verzeichnet).

1. Haben meine Eltern oft Alkohol getrunken oder Drogen genommen? Wenn ja, wie oft?

____

2. Wurde Alkohol- oder Drogenkonsum in meiner Familie vertuscht?

____

3. Brauchte ein Elternteil von mir physische oder psychische Hilfe wegen Alkohol- oder Drogenproblemen?

____

4. Litten meine Eltern unter plötzlichen Stimmungsumschwüngen?

____

5. Habe ich mich dafür verantwortlich gefühlt, daß es meinen Eltern gutgeht?

____

Ihre Antworten auf all diese Fragen geben Ihnen Aufschluß über das emotionale Klima in Ihrer Kindheit. Möglicherweise sind sie auch Anregung für ein weitere Spurensuche. Ganz sicher aber haben Sie inzwischen ein besseres Gefühl entwickelt für die Aspekte, die in Ihrer Familiengeschichte positiv waren, und für diejenigen, die mit emotionalen Verletzungen behaftet sind. Damit Sie Ihrer Sache noch sicherer werden, empfehlen wir Ihnen zusätzlich, ein Elterntagebuch darüber zu führen, wie Sie in Konflikten mit Ihren Kindern emotional reagieren.

Das Elterntagebuch: Identifizieren Sie Ihre «wunden Punkte»

Wenn Sie dabei sind, Ihre Vergangenheit aufzuarbeiten, ist es sehr zweckmäßig, in einem Elterntagebuch die Konflikte aufzuzeichnen, die zwischen Ihnen und Ihren Kindern immer wieder für Sprengstoff sorgen. Schreiben Sie einfach einen kurzen Bericht über den jeweiligen Vorfall und Ihre Reaktion. Beurteilen Sie den Grad Ihrer gefühlsmäßigen Betroffenheit auf einer Skala von 1 bis 10.

Im Folgenden zeigen wir Ihnen am Beispiel von Joanna und ihrer fünfjährigen Tochter Helen, wie man ein Elterntagebuch führt.

Vorfall	*Skala 1–10*	*Verletzung/ Thema*
Helen kam aus der Schule, und ihr neues Kleid war völlig verdreckt. Ich war wütend. Ich hatte ihr ausdrücklich gesagt, sie soll vorsichtig sein.	7	Man hört mir nicht zu
Ich habe Helens Anziehsachen bereitgelegt. Sie wollte aber nicht anziehen, was ich ausgesucht hatte. Ich war beleidigt.	5	Meine Meinung zählt nicht
Ich habe Helen gesagt, sie soll den Hund füttern, aber sie hat es vergessen. Ich war verärgert.	6	Meine Forderungen werden überhört

Als sich Joanna ihr Tagebuch ansah, fiel ihr auf, daß die meisten ihrer Eintragungen unter der Überschrift «Verletzung/Thema» sich um das Gefühl drehten, nicht ernst genommen zu werden. Als Joanna den Fragebogen ausfüllte, wurde ihr klar, daß sie mit dem Gefühl aufgewachsen war, ständig von ihrer Mutter kontrolliert zu werden.

Ihre eigenen Gefühle wurden abgewiegelt oder nicht beachtet. Zusammen mit den Tagebucheintragungen wurde Joannas wunder Punkt deutlich erkennbar. Jedes Mal, wenn Helen Joannas Anweisungen nicht nachkam, fühlte sich Joanna in die Situation mit ihrer Mutter zurückversetzt und bekam das Gefühl, ihre Wünsche wären unwichtig. Weil Joanna aber in ihrem Umgang mit Helen nicht von ihren eigenen Verletzungen beeinträchtigt werden wollte, lernte sie, sich ins Gedächtnis zu rufen, daß Helens Verhalten normal war und nicht das Ziel hatte, Joanna zu kränken. So konnte sie Vergangenheit und Gegenwart auseinanderhalten. Weitere Vorfälle dieser Art erlangten auf der Betroffenheitsskala nur noch Werte von 1 oder 2.

Bei den Vorfällen, die Sie in Ihrem Tagebuch notieren, ergeben sich meist rasch bestimmte Muster, wiederkehrende Themen und immer gleiche Verhaltensweisen, die Sie besonders aufregen. Vielleicht merken Sie, daß Sie mit fast allen Konflikten ganz gut umgehen können, aber zutiefst empört sind, wenn Ihr Kind nach der Schule oder von Freunden zu spät nach Hause kommt. Denken Sie an Ihre eigene Kindheit. Hat jemand Sie warten lassen, als Sie klein waren? Vielleicht waren Ihre Eltern zu lange und zu oft weg, und Sie haben sich Sorgen gemacht oder sich geärgert, weil Sie enttäuscht wurden. Wenn Ihre Tochter nun ein klein wenig zu spät kommt, löst Ihr innerer Alarmknopf eine heftige Reaktion aus, die aber aus Ihrer Vergangenheit stammt.

Wie Sie an den Eintragungen in Ihrem Tagebuch werden feststellen können, entzünden sich die Konflikte zwischen Ihnen und Ihren Kindern immer wieder an denselben Themen. Diese Beziehungsmuster sind Ihr Erbe. Nach und nach erkennen Sie, daß die Gefühle, die zwar in der Interaktion mit Ihren Kindern auftauchen, ursächlich mit diesen Situationen nichts zu tun haben. Das Elterntagebuch soll Ihnen dabei helfen, die Vergangenheit von der Gegenwart zu trennen. Dabei kann sich das, was Ihre Kinder tun, um alte und wohlvertraute Beziehungsmuster auszulösen, durchaus von den Vorfällen in Ihrer Kindheit unterscheiden. Im Laufe der Zeit werden Sie die Entdeckung machen, daß Sie als Erwachsener andere Möglichkeiten haben, auf eine Verletzung zu reagieren, und daß Sie nicht länger auf die in Ihrer Kindheit erlernten Muster zurückgreifen müssen.

Manchmal jedoch lösen bestimmte Situationen mit unseren Kindern so heftige emotionale Reaktionen aus, daß wir trotz der besten Absichten den Kontakt zur Gegenwart verlieren. In solchen Augenblicken sind wir in unserer Funktion als Eltern stark beeinträchtigt. Psychologen nennen diesen emotional regredierten Zustand *Fragmentierung*.

Was ist Fragmentierung?

Wenn wir das normale Gefühl für unser Wohlbefinden und unsere Identität verlieren, sind wir fragmentiert, wir gehen sozusagen in Stücke. Fragmentierung ist eine körperliche und emotionale Erfahrung, sie spielt sich nicht nur im Intellekt ab. Die Symptome der Fragmentierung sind unterschiedlich, aber sie enthalten sowohl physische als auch emotionale Reaktionen, wie beispielsweise:

- das Gefühl, hilflos und verlassen zu sein;
- das Gefühl, überfordert zu sein;
- Herzklopfen, Schwindel, verschwommenes oder verzerrtes Sehen, Übelkeit, Desorientierung;
- extreme Wut (einschließlich körperlicher und verbaler Gewaltausbrüche)

In einem solchen Zustand wird man derartig von den eigenen Gefühlen und Sehnsüchten überwältigt, daß man kaum in der Lage ist, auf die aktuellen Bedürfnisse der Kinder angemessen zu reagieren.

Fragmentierung tritt dann auf, wenn Sie die Verhaltensweisen Ihrer Kinder mit unerledigten Problemen aus Ihrer eigenen Kindheit durcheinanderbringen. Als Ginny sah, wir ihr kleiner Sohn Timothy stolperte und seinen Orangensaft auf den neuen Teppich schüttete, brach sie in Tränen aus – eine Reaktion, die für Timothy völlig unverständlich sein mußte. Als Kind hatte Ginnys Bruder immer ihre schönsten Sachen kaputtgemacht. Sie fühlte sich von ihren Eltern im Stich gelassen, weil diese sie nicht beschützten, und jetzt reagierte sie auf das Mißgeschick ihres Sohnes auf die gleiche Weise wie damals auf die Zerstörungswut ihres Bruders.

Ein fragmentierter Elternteil kann keine Unterscheidung zwischen Gegenwart und Vergangenheit treffen. Er fühlt sich «klein» und gibt die emotionale Erblast weiter, die ihm als Kind aufgebürdet wurde. Wenn Ihr Kind Sie oder Ihre Anweisungen ignoriert, wenn es anderer Meinung ist, Wutanfälle hat, schmollt oder frech wird, kann es dadurch eine heftige und unangemessene emotionale Reaktion bei Ihnen auslösen. Womöglich fühlen Sie sich dann sogar genauso klein und verletzlich wie Ihr Kind. Dabei sind Sie natürlich nicht wirklich machtlos, auch wenn Sie sich in diesen Augenblicken so empfinden.

Ungewöhnlich heftige oder sonstwie unangemessene Reaktionen auf minimales Fehlverhalten Ihrer Kinder sollte Sie veranlassen, sich mit Ihren wunden Punkten vertraut zu machen. Denn nur so können Sie lernen, Ihr Verhalten in die richtige Relation zu rücken, und auf eine Veränderung hinwirken. In unserer Familie reagiert Tom beispielsweise sehr heftig darauf, wenn er sich ignoriert fühlt, weil sein Vater ihn so oft nicht wahrgenommen hat. Seit Tom sich mit seiner Vergangenheit beschäftigt, weiß er, daß hier bei ihm ein wunder Punkt liegt. Wenn Seth die ihm zugewiesenen Aufgaben im Haushalt – Mülleimer leeren, das Geschirr abspülen und in die Spülmaschine räumen – nicht erfüllt, läuft Tom Gefahr, übertrieben zu reagieren. Obgleich es sich dabei um Lappalien handelt, löst Seths Verhalten bei Tom manchmal das alte Gefühl aus, ignoriert zu werden.

Tom weiß, daß er am besten damit umgehen kann, wenn er sich zurückzieht und sich etwas beruhigt, bevor er wieder auf Seth zugeht. Es ist wichtig, daß er seine emotionale Reaktion aus der Kindheit von Seths Lapsus in der Gegenwart trennt, denn dann kann er bei Seth besser Grenzen setzen und angemessene Konsequenzen ziehen. Wenn Tom versucht, sich mit Seth auseinanderzusetzen, während er sich fragmentiert fühlt, entsprechen die Konsequenzen eher seinem emotionalen Zustand als Seths relativ geringfügigem Vergehen. Unangemessene Strafen würden Seth nur in die Rebellion treiben und ein Klima schaffen, in dem er die Forderungen seines Vaters erst recht ignoriert (siehe Kapitel 8).

Wenn Sie sich fragmentiert fühlen, ist es wichtig, wieder «zu sich zu kommen», ehe Sie versuchen, das anstehende Problem mit Ihrem Kind zu lösen. Hier sind einige Schritte, die Ihnen helfen, eine Fragmentierung zu erkennen und zu überwinden:

1. Achten Sie darauf, ob Sie Symptome der Fragmentierung bei sich erkennen, wenn heftige Emotionen Sie überwältigen.
2. Falls ja, brechen Sie die Auseinandersetzung mit Ihren Kindern ab und nehmen Sie eine Auszeit.
3. Schicken Sie die Kinder in ein anderes Zimmer.
4. Atmen Sie ein paarmal tief durch und seufzen Sie hörbar beim Ausatmen.
5. Sehen Sie sich im Zimmer um und benennen Sie rasch hintereinander zehn Gegenstände sowie ihre Farbe (das hilft Ihnen, Ihre Aufmerksamkeit wieder in der Gegenwart zu verankern).
6. Überlegen Sie, welche Kindheitsverletzungen Ihre Reaktion auf das Verhalten Ihrer Kinder widerspiegelt. Jetzt ist ein guter Moment für das Elterntagebuch.
7. Treten Sie erst wieder in Kontakt mit Ihren Kindern, wenn Sie genügend Zeit hatten, sich zu beruhigen.

Man braucht etwas Übung, um zum rechten Zeitpunkt eine Auszeit zu nehmen. Wenn Sie den Fragebogen und das Tagebuch benutzen, wird es Ihnen leichter fallen. Je besser Sie werden, desto effektiver werden Sie als Eltern.

Doch es ist wichtig, nicht alle starken Gefühle oder heftigen Emotionen mit Fragmentierung zu verwechseln. Wir alle haben von Zeit zu Zeit einen Grund, auf unsere Kinder richtig sauer zu sein. Wenn Sie beispielsweise Ihren gerade 18jährigen Sohn dabei erwischt haben, wie er betrunken Auto gefahren ist, sind Sie völlig zu Recht aufgebracht. Kinder sind nicht perfekt, sie müssen lernen, Verantwortung für sich und andere zu übernehmen. Dieser Reifeprozeß kann für die Nerven der Eltern bisweilen ein recht strapaziöses Unterfangen sein, und es ist völlig normal, wenn sie unterwegs einmal die Fassung verlieren.

Akzeptable Eltern

Alle Eltern wissen, daß Kindererziehung eine harte und anspruchsvolle Arbeit ist, und beinahe alle Eltern werden in regelmäßigen Abständen von ihrem schlechten Gewissen heimgesucht. Unsere Kinder sind auf uns angewiesen und schenken uns vorbehaltlos ihre ganze Liebe. Instinktiv reagieren wir auf ihre Hilflosigkeit mit dem Wunsch, daß sie nie leiden müssen. Aber in der Realität verlieren wir manchmal die Geduld oder sind anderweitig so stark absorbiert, daß wir kein offenes Ohr für ihre Anliegen haben. Früher oder später wünschen wir uns alle, wir hätten unsere Aufgabe besser gemacht.

Als Seth acht Jahre alt war, klagte er beispielsweise eines Morgens, er fühle sich nicht wohl und wolle heute lieber zu Hause bleiben. Eileen aber, die sich für diesen Tag eine Menge vorgenommen hatte, nahm seine Klagen nicht ernst und schickte ihn dennoch zur Schule. Doch ein paar Stunden später bekam sie einen Anruf von der Krankenstation der Schule, und man bat sie, Seth abzuholen, weil er Fieber habe. Nun war Seth nicht nur krank, sondern auch noch zutiefst verletzt. Sooft Eileen sich an diesen Vorfall erinnert, bekommt sie ein schlechtes Gewissen.

Wir wollen das Beste für unsere Kinder und fragen uns trotzdem oft genug, ob das reicht. Wenn Sie nun angefangen haben, mit dem Fragebogen und dem Tagebuch zu arbeiten, und bereits schädliche Familienmuster entdeckt haben, fühlen Sie sich jetzt vielleicht verunsichert. Dann sollten Sie daran denken, daß kein Mensch erwachsen werden kann, ohne emotionale Schrammen davonzutragen. Es gibt keine perfekten Eltern und auch keine perfekten Kinder. Es ist sehr wichtig, im Gedächtnis zu behalten, daß Eltern – bei all dem, was sie tun – im allgemeinen versuchen, ihre Kinder glücklich zu machen. Es kann also hier keineswegs darum gehen, Ihnen Schuldgefühle einzureden – davon tragen wir alle sowieso schon zu viele mit uns herum. Unser Ziel ist es vielmehr, Ihnen mit dem Fragebogen und dem Tagebuch bewährte Mittel an die Hand zu geben, die Sie in Ihrem Elternalltag unterstützen können. Je mehr Sie über sich selbst und Ihre Vergangenheit in Erfahrung bringen, desto größer sind Ihre Chancen, selbstbestimmt und selbstbewußt zu handeln, und dieser Zugewinn an Selbstsicherheit kommt nicht nur Ihnen, sondern Ihrer ganzen Familie zugute.

Menschen sind wunderbare Wesen. Als Erwachsene können wir die Fehler unserer Eltern wiedergutmachen. Wir können sogar lernen, dieselben Fehler bei unseren eigenen Kindern zu vermeiden. Und wenn wir uns unsere Fehler verzeihen und bereit sind, aus ihnen zu lernen, können wir auch unseren Kindern ihre Fehler leichter verzeihen.

Kommen wir an dieser Stelle noch einmal auf den Fragebogen zurück. Sie sollten ihn jetzt nochmals lesen, und zwar aus der Perspektive Ihrer Kinder. Versuchen Sie, die Fragen für Ihre Kinder zu beantworten. Welche Erfahrungen machen Ihre Kinder mit Ihnen? Machen Sie sich ein Bild davon, wie es ist, unter Ihrer Obhut aufzuwachsen. Wie schätzen Sie sich nun ein? Wo liegen Ihre Stärken und Ihre Schwächen?

Im nächsten Kapitel gehen wir auf die emotionalen Bedürfnisse von Säuglingen und Kindern ein. Es ist wichtig, sich einen Überblick darüber zu verschaffen, wie Kinder ihre Identität entwickeln. Ohne diesen Zusammenhang bleibt unsere Elternarbeit immer nur Stückwerk.

KAPITEL 4

Die emotionalen Bedürfnisse Ihres Kindes verstehen

Die Aufgabe eines Kindes besteht darin, sein eigenes Leben zu leben – nicht das Leben, das seine besorgten Eltern sich für es wünschen, und auch nicht ein Leben, das den Ansichten eines Erziehers entspricht, der meint, er wüßte, was das beste ist. Diese ganze Einmischung und Gängelei bringt nur eine Generation von Robotern hervor.

A.S. Neill, Summerhill

Nach den vielen Jahren, die wir nun schon auf unserem Gebiet tätig sind, glauben wir, daß die Eltern-Kind-Beziehung von innen heraus gestärkt werden muß, und zwar ungeachtet der Familienstruktur, der Rasse, des Bildungsniveaus, der Schichtzugehörigkeit oder irgendeiner anderen Variablen. Viele Eltern haben eine bestimmte Vorstellung davon, wie ihre Kinder sein sollen. Sie versuchen die Gefühle und das Verhalten ihres Nachwuchses zu kontrollieren, um so ihr «Wunschkind» zu bekommen. Nach Seths Geburt merkte Eileen beispielsweise, daß sie, obwohl sie so viel über Psychologie, Kinderentwicklung und zwischenmenschliche Kommunikation wußte, ihr Erbe an psychischen Verletzungen weitergeben würde, wenn sie nicht bereit war zu glauben, was Seth ihr über seine Gefühle erzählte. Wir müssen willens sein, uns von unseren vorgefaßten Meinungen, was unsere Kinder fühlen *sollten*, zu verabschieden, und lieber zuhören, was sie uns anvertrauen.

Wir glauben, daß jedes Kind in seiner Entwicklung einem inneren Rhythmus und einer inneren Harmonie folgt, unsere Aufgabe ist es lediglich, diesen Prozeß unterstützend zu begleiten. Aber um Eltern-Kind-Beziehungen neu zu gestalten, brauchen wir erst einmal einen Überblick, wie eine ideale emotionale Entwicklung aussieht und welche Komponenten notwendig sind, um dieses Wachstum in unseren Kindern zu fördern.

Das Ziel emotionaler Entwicklung

Das Ziel der emotionalen Entwicklung ist eine gesunde Identität, ein gesundes Selbstwertgefühl – eine grundlegende Körpererfahrung, die Wohlbefinden und Lebendigkeit vermittelt. Mit einem gesunden Selbstwertgefühl sind wir in der Lage, ein selbstbestimmtes Leben zu führen, unseren Interessen nachzugehen und unserer inneren Stimme zu vertrauen. Seit jeher wissen Eltern, daß ein Kind das Leben mit einmaligen, individuellen Gaben beginnt. Der Lebensfunke ist wie eine Blütenknospe. Unsere Individualität wird ein Bezugspunkt, der innere Ort, an dem wir uns selbst, unsere Beziehungen und unsere Welt erfahren. Diese Identität ist kontinuierlich und nährt unsere Fähigkeit, mit den Höhen und Tiefen des Lebens fertig zu werden.

Wie können Eltern erkennen, ob ihre Sprößlinge über ein gesundes Selbstwertgefühl verfügen? Kinder, die eine starke Identität besitzen

- sind selbstbewußt;
- trauen sich selbst etwas zu;
- können Erfolge und Mißerfolge akzeptieren und verkraften;
- können ihre Gefühle annehmen und ausleben;
- können mit anderen mitfühlen;
- können für ihre Bedürfnisse nach Intimität und Unabhängigkeit einstehen.

Die Stärkung des Selbstwertgefühls

Das Wohlbefinden eines Kindes ist abhängig davon, daß seine Bedürfnisse von außen erfüllt werden, entweder durch die Verbindung zu den Eltern oder zu anderen erwachsenen Bezugspersonen. Erwachsene hingegen müssen ihre Bedürfnisse von innen heraus befriedigen, durch ihre Fähigkeit, mit ihrem Selbstwertgefühl in Kontakt zu bleiben. Der emotionale Übergang von der Kindheit ins Erwachsensein – von der Sicht nach außen zur Sicht nach innen – ist ebenso schwierig wie das Laufenlernen. Zum einen ist das Selbstwertgefühl in dieser Zeit noch sehr zerbrechlich. Doch wenn Sie Ihre Kinder unterstützen, entwickelt sich ihre Identität und wird immer stärker. Wir glauben, daß Ihre größte Verantwortung darin liegt, die emotionale Entwicklung Ihres Kindes zu unterstützen. Um Ihr Kind auf diesem Weg zu begleiten, brauchen Sie Liebe, Vertrauen, Mitgefühl, Ehrlichkeit sowie körperliche und soziale Stabilität.

Liebe

Elternliebe ist ein komplexes Gefühl, das unter anderem Zuneigung, Zärtlichkeit, Verständnis, Hingabe und die Sorge um das Wohlbefinden unserer Kinder umfaßt. Wir entwickeln die Fähigkeit, zu lieben und füreinander zu sorgen, indem wir selbst geliebt und umsorgt werden. Wenn Ihr Kind Liebe bekommt und verinnerlicht, entsteht in ihm eine zuverlässige Quelle von Wärme und Zuneigung, die es mit anderen teilen kann. In Familien, in denen Liebe und Zuwendung in Hülle und Fülle oder zumindest ausreichend vorhanden sind, lernen Kinder, zu lieben und einander zu unterstützen. In Familien, in denen Liebe Mangelware ist und nur unter bestimmten Bedingungen gewährt wird, gibt es exzessives Konkurrenzverhalten zwischen den Geschwistern, Eifersucht und Mißgunst. Wenn ein Kind unsere Liebe direkt erfährt, erkennt es seinen Selbstwert und fühlt sich als etwas Besonderes. Es blickt optimistisch in die Welt. In uns Eltern wächst durch die Liebe zu unseren Kindern eine positive Grundeinstellung – zu uns selbst, zum Leben, zur Familie und zur Menschheit.

Grundvertrauen

Schon in frühester Kindheit entwickelt sich das Vertrauen, und zwar in Abhängigkeit davon, ob die grundlegenden Bedürfnisse eines Kindes liebevoll und konsistent erfüllt werden. Sind die Eltern zuverlässig, erlebt das Kind seine Beziehungen und ihre Welt als vertrauenswürdig. Vertrauen unsere Kinder unserer Beziehung zu ihnen nicht, so werden sie, wenn sie älter sind, auch unseren Rat und die von uns gesetzten Grenzen nicht respektieren. Wenn ein Kind das Gefühl hat, daß seinen Eltern sein Wohlergehen nicht am Herzen liegt, fällt die rebellische Phase der Pubertät besonders extrem aus. Vertrauen ist ein Dauerthema in der Eltern-Kind-Beziehung. Wenn eine stabile Vertrauensbasis geschaffen ist, können wir auch die Augenblicke verkraften, in denen die Welt uns schlecht behandelt, ohne uns in Verzweiflung zu stürzen.

Da wir uns konstant um unseren Sohn Seth kümmerten, lernte er, der Welt zu vertrauen. Umgekehrt haben wir ihm vertraut; wir haben daran geglaubt, daß er zu einem emotional gesunden, starken Menschen heranwachsen wird. Wie die meisten Teenager ist sich auch Seth darüber im klaren, daß er nicht in einer idealen Welt lebt. Überall sieht er Heuchelei, Gewalt, Umweltkatastrophen und Korruption. Natürlich ist er kein blinder Optimist, aber weil er über ein verinnerlichtes Grundvertrauen verfügt, ist sein Lebensgefühl eher positiv und hoffnungsvoll, erscheint es ihm sinnvoll, sich für die Gesellschaft zu engagieren.

Wenn das Grundvertrauen nicht vorhanden oder zerbrechlich ist, sind Kinder für Gefühle wie Verzweiflung und Hoffnungslosigkeit anfällig. Sie empfinden ihre Situation als ausweglos und können sich aus eigener Kraft nicht helfen. Kinder, die das Vertrauen in sich und ihre Welt verloren haben, nehmen häufig Zuflucht zu Alkohol oder anderen Drogen.

Denken Sie immer daran: Wenn das Grundvertrauen zwischen Ihnen und Ihrem Kind Schaden erlitten hat, kann es wieder repariert werden. Wie bei allen lebenslangen Entwicklungsprozessen besteht immer die Möglichkeit, das Vertrauen zwischen Ihnen und Ihren Kindern wiederherzustellen und zu stärken.

Einfühlungsvermögen

Einfühlungsvermögen ist die Fähigkeit, die emotionale Erfahrung eines anderen Menschen nachzuvollziehen, ohne dabei jedoch die eigene Perspektive zu verlieren. Stellen Sie sich vor, Sie versetzen sich in Ihr Kind hinein. Es ist eine Methode, Ihren Kindern zuzuhören – nicht nur dem, was sie sagen, sondern auch dem, was sie fühlen.

Einfühlen bedeutet nicht übereinstimmen. Es bedeutet, grundsätzlich davon auszugehen, daß Ihr Kind Ihnen die Wahrheit über seine Gefühle sagt. Möglicherweise teilen Sie seinen Standpunkt nicht, aber Sie müssen akzeptieren, daß es für Ihr Kind die Realität ist. Wenn wir eine einfühlende Beziehung zu unseren Kindern haben, fühlen sie sich verstanden – eine wichtige Voraussetzung für die Entwicklung eines gesunden Selbstwertgefühls. Unsere Kinder wenden sich instinktiv mit der Bitte an uns, ihre Gefühle zu bestätigen, denn dann können sie ihnen selbst eher vertrauen.

Beispielsweise haßte es Jeremy, der vierjährige Sohn von Lauren und Frank – einem Paar, das unsere Praxis besuchte –, von familiären Aktivitäten ausgeschlossen zu werden. Eines Abends war Jeremys Großmutter zu Besuch, und alle vier spielten Candyland. Nach dem Spiel sollte Jeremy ins Bett gehen, während seine Mutter, sein Vater und seine Großmutter noch zusammen Karten spielen wollten. Jeremy fühlte sich ausgeschlossen und wehrte sich entschieden dagegen, vom Rest der Familie getrennt zu werden. Lauren und Frank hatten Jeremy bereits erlaubt, deutlich länger als üblich aufzubleiben, und er wußte, daß ihn ein anstrengender Morgen in der Vorschule erwartete, für den er lieber ausschlafen sollte. Den Eltern war klar, daß sie sich liebevoll verhielten, wenn sie ihrem Kind angemessene Grenzen setzten. Doch sie hatten auch Verständnis für Jeremys Enttäuschung, daß er als einziger schon ins Bett mußte. «Wir wissen, daß du dich ausgeschlossen fühlst, Jeremy», sagten sie. «Wir wissen, daß es schwer ist, als einziger schon ins Bett zu gehen. Aber es ist wirklich Zeit für dich.»

Frank und Lauren gaben ihre Perspektive nicht auf – das Wissen, daß Jeremy seinen Schlaf brauchte. Aber weil sie sich in seine Gefühle hineinversetzen konnten, auch wenn sie ihre Grenzen aufrechterhielten, fühlte sich Jeremy verstanden und emotional akzeptiert. Er mußte nicht darauf beharren, seinen Willen durchzusetzen, um sich geliebt zu fühlen.

Für Kinder ist es eine emotionale Verletzung, wenn sie sich nicht akzeptiert oder mißverstanden fühlen. Dies sind Wunden an ihrer sich entfaltenden Identität, die sie daran hindern, Intimität und Unabhängigkeit zu lernen. Wenn ein Kind ständig verletzt wird, weil die Menschen der Umgebung seine Gefühle und Bedürfnisse nie vollständig verstehen, hat es Schwierigkeiten, sich in seinen späteren Beziehungen um sich selbst zu kümmern. Kinder, denen es an einer einfühlsamen Beziehung zu ihren Eltern mangelt, sind oft wütend und trotzig. Sie verlangen eine Menge Aufmerksamkeit.

Doch wenn man einem Kind einfühlsam zuhört, versteht man immer besser, wie es sich fühlt. Wenn Sie einfühlsam sind, schaffen Sie eine Atmosphäre der Geborgenheit, in der Ihr Kind seine Gefühle mit Ihnen teilen kann. Kinder, die eine einfühlsame Beziehung zu ihren Eltern haben, fühlen sich verstanden und vertrauen auf sich. Für sie ist es nicht gefährlich, Gefühle zu zeigen.

Wie der berühmte Psychologe Carl Rogers in seiner Einleitung zu A. S. Neills *Summerhill* schreibt: «Wenn man Kindern in einem Klima verständnisvoller und nicht besitzergreifender Liebe eine verantwortungsvolle Freiheit einräumt, treffen sie kluge Entscheidungen, lernen mit Elan und entwickeln eine wahrhaft soziale Einstellung.»

Authentische Eltern

Eltern, die authentisch sind, zeigen ihren Kindern ehrlich, wer sie sind, und präsentieren sich nicht als unfehlbar. Sie haben den Mut, die eigenen Fehler einzugestehen, und können dadurch emotionale Verletzungen heilen – sie entschuldigen sich beispielsweise dafür, daß sie sich wegen einem verschütteten Glas Milch so aufgeregt haben, weil sie müde waren.

Es sind ja auch nicht unsere Fehler, die unseren Kindern schaden, sondern die Verleugnung dieser Fehler. Wie der Psychologe Rollo May in *Der Mut zur Kreativität* erklärt: «Angst entsteht, wenn wir die Welt nicht kennen, in der wir leben, wenn wir uns in unserer eigenen Existenz nicht zurechtfinden.» Wenn wir unsere Fehler nicht zugeben, sind unsere Kinder verwirrt, weil das, was sie sehen, nicht mit dem übereinstimmt, was wir sagen.

Doch wenn wir unseren Kindern gegenüber ehrlich sind, dienen wir ihnen als Vorbild an Offenheit und Ehrlichkeit. Kinder lernen am Beispiel. Deshalb sind Vorbilder so wichtig (siehe Kapitel 2). Und der ehrliche Umgang mit unseren Kindern beginnt beim ehrlichen Umgang mit uns selbst. Nur Eltern, die sich um ihre eigene Weiterentwicklung bemühen, sind auch in der Lage, ihren Kindern wirklich etwas zu geben. Dieses Bemühen ist ein kontinuierlicher Prozeß. Vielleicht haben Sie mit dem Fragebogen aus Kapitel 3 gerade einen bestimmten Erbteil bei sich entdeckt, oder Sie befinden sich bereits seit Jahren in einem Heilungs- und Veränderungsprozeß und beschäftigen sich mit Ihren Kindheitsthemen. Wir wachsen und reifen, indem wir durch neue Erfahrungen neue Einsichten gewinnen.

Geben wir unsere Unvollkommenheit zu, so schaffen wir eine authentische Grundlage für die Beziehung zu unseren Kindern: Manchmal sind wir im Unrecht, manchmal fühlen wir uns in die

Defensive gedrängt. Tom plante beispielsweise einmal, mit seinem ältesten Sohn Adam Weihnachtseinkäufe zu machen. Unglücklicherweise waren Vater und Sohn ziemlich beschäftigt und hatten Schwierigkeiten, einen Termin zu vereinbaren. Als sie sich endlich geeinigt hatten, stieg Adam zu seinem Vater ins Auto und fragte sofort: «Wie lange sind wir weg?»

Ärgerlich erwiderte Tom: «Ich tu das doch für dich, warum machst du es mir so schwer?»

«Dad, ich mach es dir nicht schwer», entgegnete Adam. «Ich hab dir bloß eine einfach Frage gestellt. Anscheinend hast du schlechte Laune. Ich glaube, du wärst sauer auf mich geworden, ganz gleich, was ich gesagt hätte.»

Einen Augenblick mußte Tom das verdauen, dann meinte er: «Adam, du hast recht. Ich fühle mich unter Druck. An deiner Frage ist nichts auszusetzen, du willst ja nur wissen, wann wir fertig sind.» Später konnten sie über den Vorfall zusammen lachen, und am Ende hatten sie viel Spaß beim Einkaufen.

Wenn wir mit unseren Kindern authentisch umgehen und einen offenen Austausch von Gefühlen zulassen, werden sich auch unsere Kinder uns gegenüber ehrlich und direkt verhalten. Wenn wir Authentizität praktizieren, wird der Entwicklungsweg unserer Kinder wesentlich weniger steinig.

Soziale und körperliche Stabilität

Die emotionale Entwicklung unserer Kinder ist unter anderem davon abhängig, wieviel Zeit und auf welche Art und Weise wir die Zeit mit ihnen verbringen. Deshalb ist es wichtig, die Bedingungen anzusprechen, die Ihre körperliche und emotionale Verfügbarkeit unterstützen oder beeinträchtigen. Unglücklicherweise sind nicht für alle Eltern angemessene Unterbringung, medizinische Versorgung, ökonomische Sicherheit oder auch nur ausreichende Ernährung Selbstverständlichkeiten. Daß das Fehlen dieser Grundlagen bei Kindern emotionale Probleme hervorrufen kann, liegt auf der

Hand. Deprivation und Armut können das Selbstkonzept und das Selbstwertgefühl eines Kindes erheblich beeinträchtigen, gleichgültig, wie authentisch oder einfühlsam seine Eltern sein mögen.

Wir wünschen uns, daß sich die sozialen Verhältnisse so weit verbessern, daß Eltern immer mehr Zeit mit ihren Kindern verbringen können, weil ein Kind in einer geborgenen, zuverlässigen Umgebung besonders gut gedeiht.

Inzwischen haben wir einige Erfahrung darin, Familien beizubringen, wie man enge, unterstützende Beziehungen aufbaut. Doch bitte mißverstehen Sie unser Engagement für die Stärkung der familiären Beziehungen nicht als Plädoyer für die Kleinfamilie. In einer traditionellen Familie kann das Kind emotional genauso verletzt werden wie in jedem anderen familiären Arrangement. Und umgekehrt können sich in jeder Familienstruktur emotional gesunde Kinder entwickeln. Solange die erwachsenen Bezugspersonen sich um Entwicklungskomponenten wie Vertrauen und Einfühlungsvermögen bemühen, geht es den Kindern gut. Aus langjähriger Erfahrung wissen wir, daß Eltern lernen können, mit ihren Kindern besser umzugehen, und daß sie das Erbe emotionaler Verletzungen durchbrechen können – ganz gleich, in welchem familiären Zusammenhang sie leben.

Das Selbstwertgefühl und der Elternprozeß

Wenn Sie der emotionalen Entwicklung Ihres Kindes gegenüber aufgeschlossen sind, wird es von der Abhängigkeit in die Autonomie und in angemessene Beziehungen mit anderen hineinwachsen. Kinder mit einem gesunden Selbstwertgefühl können sich der heutigen Welt und den für jede persönliche Beziehung unumgänglichen Veränderungen anpassen.

Liebe, Vertrauen, Einfühlungsvermögen, Authentizität der Eltern, körperliche und soziale Stabilität – all das sind Aspekte, die zu einem gesunden Selbstwertgefühl beitragen. Doch es ist wie beim Kochen und Backen; wenn man einen perfekten Schokoladenkuchen herstellen will, reicht es nicht, die Zutaten nach Belieben zusammenzustellen. Wir brauchen ein Rezept, nach dem wir die einzelnen Komponenten mischen. Unser Rezept für bewußtes Elternsein – der Elternprozeß – besteht aus drei Entwicklungsthemen und drei dazu gehörenden Grundregeln. Diese lauten:

	Bindung
Grundregel 1:	Schütze das Band; drohe weder mit emotionalem Rückzug noch mit emotionalen Übergriffen

	Spiegeln
Grundregel 2:	Spiegle und reflektiere einfühlsam die Gefühle deines Kindes

	Trennung
Grundregel 3:	Denk daran, daß dein Kind ein eigenständiger Mensch ist, getrennt von dir, mit eigenen Gedanken und Gefühlen

Für jeden dieser Leitsätze brauchen Sie spezifische Informationen, denn jeder umfaßt Aufgaben, die sowohl von den Eltern als auch von den Kindern bewältigt werden müssen. Im zweiten Teil unseres Buches widmen wir jedem der genannten Themenkomplexe ein eigenes Kapitel. Die daraus abgeleiteten Elternrichtlinien ergeben zusammengenommen eine umfassende Kommunikationsmethode, die das Wachstum unterstützt und den Heilungsprozeß vorantreibt. Der Elternprozeß ist ein einfaches und wirkungsvolles Mittel, mit dem Sie das Selbstwertgefühl Ihrer Kinder nähren und stärken können. Er wird Ihnen helfen, sich von Ihrer eigenen emotionalen Erblast zu befreien, die Beziehung zu ihren Kindern vitalisieren und mit Freude bereichern.

TEIL 2

Der Elternprozess

KAPITEL 5

Die Bindung

Ganz gleich, was Sie vielleicht gehört haben, Bindung entsteht nicht von selbst; es gibt keinen magischen Moment und auch keine bestimmte Zeitspanne, in der das Band geknüpft wird.

KATHRYN KARLSRUD, Parents Magazine, Juli 1989

Der Elternprozeß

Regel 1: Schütze das Band; drohe weder mit emotionalem Rückzug noch mit emotionalen Übergriffen.

Unter «Bindung» verstehen wir den Prozeß, in dessen Verlauf das intime, feste Band zwischen Eltern und Kind geknüpft wird. Es gibt viele Gelegenheiten, bei denen dies geschieht: wenn wir unsere Kinder berühren, umarmen, mit ihnen Blickkontakt aufnehmen. Bei Kleinkindern entsteht Bindung unter anderem dadurch, daß sie unser Gesicht wiedererkennen, den Geruch von Haaren und Haut, den Klang der Stimme. Es ist ein ständiger Dialog zwischen Eltern und Kind, der genaugenommen schon vor der Geburt beginnt und sich das ganze Leben lang fortsetzt. Aus dem Bedürfnis nach festen Bindungen wachsen wir nie heraus.

Emotionale Bande werden durch einen Austausch von Liebe geknüpft; anfangs ist dieser nicht ohne Körperkontakt möglich. Im

Idealfall schaffen wir durch konsistente, liebevolle Interaktion mit unseren Kindern ein Klima von Sicherheit und Vertrauen. So können sie ein grundlegendes Gefühl von Geborgenheit und Vertrauen entwickeln und verinnerlichen. Wenn dies gelingt, können sie später im Leben auch Enttäuschungen verkraften. Ihre sichere Beziehung zu uns hat ihnen geholfen, innere Ressourcen zu entwickeln, auf die sie zurückgreifen können, wenn sie Trost brauchen.

Ein Paar aus einem unserer Eltern-Workshops erzählte uns von den Fähigkeiten ihres achtjährigen Sohns, sich selbst aufzubauen, wenn jemand ihn enttäuschte: Ben hatte eine sichere Bindung zu seinen Eltern. Er wollte von seinem Großvater Tennis spielen lernen, aber leider war dieser kein guter Lehrer. Statt Ben Anweisungen zu geben und ihn zu ermutigen, war der Großvater ungeduldig und kritisch und betonte jeden kleinen Fehler – mit dem Ergebnis, daß Ben weder Tennis lernte noch Spaß hatte. Als er heimkam, fragten seine Eltern ihn, wie der Unterricht gelaufen sei. «Opa ist kein guter Lehrer», antwortete Ben. «Er denkt, er muß mich anschreien, damit ich etwas lerne, dabei weiß ich doch, daß ich Anfänger bin.» Bens Eltern staunten nicht nur über die Klugheit ihres Sohnes, sondern auch über sein Selbstvertrauen. Ben trug in sich die Liebe und das Vertrauen, das seine Eltern ihm entgegenbrachten, und er konnte auf diese guten Gefühle zurückgreifen, wann immer er Unterstützung brauchte.

Kinder knüpfen Bindungen, wenn die Fürsorgepersonen verfügbar sind. Mütter, Väter, Brüder, Schwestern, Großeltern – selbst Babysitter – schaffen Bindungen zu einem Kind. Die Essenz der Bindung ist eine fürsorgliche und einfühlsame *Einstellung*. Wissenschaftler haben gezeigt, daß eine Bindung aus emotionalem Kontakt und Verfügbarkeit entsteht. Obgleich emotionale Verfügbarkeit auf einer bestimmten Einstellung beruht, kann sie nur konsistent vermittelt werden, wenn Sie wirklich Zeit mit Ihren Kindern verbringen. Alle Familienmitglieder können am Prozeß der Bindung teilnehmen.

Der Beginn der Bindung

Vor einiger Zeit haben einige Entwicklungspsychologen vermutet, die Bindung vollziehe sich in einem genau definierten Abschnitt der kindlichen Entwicklung, der mit der Geburt anfängt und im Alter von sechs Monaten abgeschlossen ist. Wir glauben aber, daß die Bindung schon beginnt, wenn man mit dem Gedanken spielt, ein Kind zu bekommen. Man stellt sich das Kind vor, man malt sich aus, wie man sich fühlen wird, wenn man es liebevoll umsorgt. Die Intensität solcher Gedanken nimmt in der Schwangerschaft zu, und sowohl Mutter als auch Vater spüren, wie sich in ihnen eine Verbundenheit mit dem sich entwickelnden Fötus regt. Beide Elternteile haben ja einen angeborenen Pflegeinstinkt. Diese biologische Reaktion auf die Hilflosigkeit des Fötus bildet die Grundlage der Fürsorge, die von Ihnen nach der Geburt des Babys erwartet wird.

In der Schwangerschaft versorgt der Körper der Mutter den Fötus ganz automatisch, ernährt, wärmt und schützt ihn. Nach der Geburt jedoch geschieht nichts davon mehr automatisch. Anders als andere neugeborene Säugetiere, die aus eigener Kraft einer Gefahr entfliehen können, sind Menschenbabys zwar mit Intelligenz ausgestattet, aber grundsätzlich auf andere angewiesen – nur durch Schreien können sie deutlich machen, daß ihnen etwas fehlt. Würden Eltern die körperliche Hilflosigkeit ihres Babys ignorieren, könnte es nicht überleben. Reagieren sie jedoch nur auf die körperlichen Bedürfnisse, erleidet es emotionalen Schaden.

Wenn Eltern auf die Hilflosigkeit und die Nöte ihres Babys eingehen, es trösten, füttern und beschützen, gehen sie mit seinen Bedürfnissen beinahe so selbstverständlich um wie mit ihren eigenen. So ersetzt die psychische Bindung nach und nach die körperliche Einheit, die in der Gebärmutter existierte.

Sich schon früh auf die Persönlichkeit des Babys einstimmen

Die neuere Forschung, vor allem die von Daniel N. Stern, Professor für Psychiatrie am Cornell University Center und Autor des 1985 erschienenen Buches *Die Lebenserfahrung des Säuglings,* deutet darauf hin, daß sich jedes Kleinkind bereits von Geburt an bis zu einem gewissen Grad als von seiner Mutter getrennt erfährt.

Psychische Nähe muß immer das Bewußtsein einschließen, daß Ihr Baby auch ein eigener, von Ihnen getrennter Mensch ist. Kinder brauchen von den ersten Lebenstagen an sowohl das Gefühl des Einsseins als auch des Getrenntseins. Man kann diesen Wechsel beobachten, wenn sie sich beispielsweise an uns schmiegen, um sich dann ganz plötzlich steif zu machen, oder wenn sie uns ins Gesicht sehen und sich dann wieder in sich zurückziehen. Wenn wir eine konsistente Bindung schaffen, sind Kleinkinder in der Lage, zwischen Einssein und Getrenntsein mühelos zu wechseln und sich das Maß von Kontakt und Stimulierung zu verschaffen, das ihnen angenehm ist. Wenn wir bei unserem Umgang mit dem Baby sensibel sind für die Signale, die es aussendet, schaffen wir Sicherheit und Geborgenheit. Diesen Austausch zwischen Eltern und Kind nennen wir das *Einstimmen*.

Das Einstimmen ist die Fähigkeit, das emotionale und/oder körperliche Befinden Ihres Kinds zu erkennen, sich auf es einzustellen und ihm zu entsprechen. Sie reagieren auf den Ausdruck Ihres Kindes, beispielsweise, indem Sie die Laute imitieren, die Ihr Baby hervorbringt, seinen Gesichtsausdruck oder sein sonstiges Verhalten nachahmen. Einstimmen bedeutet, daß Sie sich auf das Erleben Ihres Kindes einlassen und sich ihm anschließen.

In seinem Buch erklärt Dr. Stern diesen Prozeß folgendermaßen:

Ein neunmonatiger Junge schlägt mit der Hand auf ein weiches Spielzeug, zuerst etwas verärgert, aber nach und nach immer vergnügter, schließlich regelrecht überschwenglich und gutgelaunt.

Er findet einen Rhythmus, in den seine Mutter einstimmt: «Kaaaaa-bam, kaaaaa-bam», sagt sie, das «bam» beim Aufschlagen, das «kaaaaa» beim Ausholen des Arms und dem kurzen Innehalten, ehe er sich erneut senkt.

Wenn wir uns auf die frühe Persönlichkeit unseres Babys einstellen, geben wir ihm die Möglichkeit, in einer geborgenen, liebevollen Umgebung seine Einzigartigkeit zu entwickeln.

Mit älteren Kindern verbunden bleiben

Unserer Ansicht nach ist die Bindung ein lebenslanger Prozeß. So können wir die Regel 1 – «Schütze die Bindung; drohe weder mit emotionalem Entzug noch mit emotionalen Übergriffen» – jederzeit in den Erziehungsstil einpassen, ganz gleich, wie alt unsere Kinder gerade sind. Menschen leben in einem Netz von Beziehungen. Keiner von uns ist emotional von anderen unabhängig, kein Mensch verliert je sein Bedürfnis nach Zuneigung. Tiefe, unterstützende Beziehungen setzen eine starke Bindung voraus. Da eine gesunde Bindung ein grundlegendes menschliches Bedürfnis ist, müssen wir die Qualität der Beziehung zu unseren Kindern ständig im Auge behalten, gleichgültig, wie alt sie sind und auf welcher Entwicklungsstufe sie sich gerade befinden.

Toms dreiundzwanzigjähriger Sohn Adam beispielsweise hat Angst vor Flugreisen und macht sich Sorgen, wenn Tom per Flugzeug unterwegs ist. Deshalb möchte er, daß Tom ihn anruft, sobald er heil angekommen ist. So erhält Adam eine Bestätigung, daß Tom in Sicherheit ist, und die Bindung zwischen Vater und Sohn bleibt intakt. So ist die Bindung vom Kleinkind- bis ins Erwachsenenalter die Grundlage für die sich entwickelnde Beziehung zwischen Kindern und Eltern oder anderen Familienmitgliedern und schließlich auch für unabhängige Beziehungen außerhalb der Familie.

Umgekehrt werden Kinder unruhig, wenn wir ihre Signale

falsch auffassen oder unangemessen auf sie reagieren, denn sie erfahren das Mißverhältnis entweder als ein Im-Stich-Lassen (zu wenig Kontakt) oder als Übergriff (zu viel Kontakt). Betrachten wir einmal genauer, was in den beiden Situationen passiert, in denen die Bindung unterbrochen wird.

Im-Stich-Lassen

Eine Episode aus der Fernsehsendung *Nova* mit dem Titel «Life's First Feelings» (Die ersten Gefühle des Lebens) zeigt ein hochinteressantes Experiment zu diesem Thema. Die Mutter sieht ihr Baby an; das Baby reagiert lebhaft und gibt fröhlich glucksende Laute von sich. Wir sehen es lächeln, während die Mutter den Blickkontakt aufrechterhält. Seine Augen leuchten. Dann bekommt die Mutter die Anweisung, das Lächeln einzustellen und ein kaltes, desinteressiertes Gesicht aufzusetzen. Zunächst versucht das Baby, die Aufmerksamkeit seiner Mutter zurückzugewinnen, und blickt sie sehnsüchtig an. Gelingt dies nicht, dreht es den Kopf weg und sieht in eine andere Richtung, bevor es erneut versucht, die anfangs so liebevolle und angeregte Interaktion wiederherzustellen, indem es seine Mutter anschaut, lächelt und gurrt. Bleibt das Gesicht der Mutter ausdruckslos, wendet es schließlich deprimiert den Kopf ab, sein Gesicht wirkt leblos und desinteressiert.

Dieser Austausch ist rührend und demonstriert eindeutig, wie wichtig es für Ihr Baby ist, sich selbst im Zusammenspiel mit Ihnen – seinen Eltern – zu erfahren. Außerdem zeigt sich, wie sehr Kinder darauf angewiesen sind, daß man sich emotional engagiert mit ihnen beschäftigt, denn nur so bekommen sie die Bestätigung und Anregung, die sie für ein gesundes Gedeihen brauchen.

Das gleiche gilt auch für ältere Kinder. Ginger, eine Mutter aus einem unserer Workshops, erzählte folgende Begebenheit:

Eines Nachmittags war sie mit ihrer fünfjährigen Tochter Susie im Park. Überfordert von den täglichen Anstrengungen einer alleinerziehenden berufstätigen Mutter, hatte sie sich zwar am späten Nachmittag ein bißchen Zeit für ihre Tochter genommen, sich aber Papierkram aus dem Büro mitgebracht. Schon im Park fühlte sie sich von der Arbeit, die sie am selben Abend erwartete, unter Druck gesetzt, sie war nervös und gestand Susie keine ausreichende Zeitspanne zu, sich vom Spielen im Park auf das Heimgehen umzustellen. Statt dessen rief sie unvermittelt: «Komm, wir müssen!» Natürlich machte Susie Theater, aber Ginger hatte keine Geduld mit ihrem Gejammer. «Wenn du nicht augenblicklich ins Auto steigst, fahr ich weg, und du bleibst allein im Park!»

Susie gehorchte, war aber den ganzen Nachhauseweg still und zurückgezogen. Ginger dagegen fühlte sich erleichtert und fast ein bißchen stolz, daß ihre Drohung gewirkt hatte. Doch sie erkannte nicht, daß sie Susie zwar für den Augenblick unter Kontrolle gebracht, die Bindung zwischen sich und ihr aber durch ihre Drohung verletzt hatte. Susie gehorchte ihrer Mutter aus Angst, allein gelassen zu werden, und wie wir alle wissen, ist das keine gute Basis für eine Beziehung.

Wie hätte Ginger den Konflikt anders lösen können? Statt zu drohen, hätte sie Susie mehrmals vorwarnen können, daß die Zeit im Park zu Ende geht. So hätte sich Susie darauf einstellen können, daß sie bald nach Hause muß. Möglicherweise hätte sie sich trotzdem den Plänen ihrer Mutter widersetzt, aber sie hätte wenigstens die Möglichkeit gehabt, einen vernünftigen Übergang zu finden. Außerdem brachte Ginger es nicht fertig, ohne Drohung Grenzen zu setzen. Wenn Eltern unsicher sind, was sie tun sollen, nehmen sie häufig Zuflucht zu leeren Drohungen. Ankündigungen, man werde das Erziehungsheim, die Polizei oder den Schwarzen Mann benachrichtigen, sind Ausdruck für die Ratlosigkeit und Fragmentierung der Eltern.

Unter dem Druck der Umstände geraten wir alle gelegentlich in einen Konflikt zwischen den eigenen Bedürfnissen und den emotionalen Forderungen unserer Kinder. Kinder, die keine sicheren

Bindungen haben oder denen man immer wieder damit droht, sie im Stich zu lassen, werden unruhig und fordernd. Mit Regel 1 des Elternprozesses rufen wir uns jedoch ständig ins Gedächtnis, daß die Bindung *immer* an erster Stelle steht. Um die Bindung nicht zu gefährden, müssen Sie durchdachte Lösungen für die Konflikte finden, die im Umgang mit Ihren Kindern auftauchen.

Wenn wir die Bindung zu unserem Kind bewußt schützen, fühlt es sich in unserer Nähe geborgen. Anstelle von Spannung und Konflikt können wir dann im täglichen Leben mit unseren Kindern mehr Liebe und mehr Spaß erfahren.

Übergriffe

In der Episode aus dem bereits zitierten Film *Nova* wurde nicht nur abweisendes, sondern auch Übergriffsverhalten gezeigt. Mit einer Rassel regte eine Mutter ihr Baby zum gemeinsamen Spiel an. Nach einer Weile hatte das Baby genug und unterbrach den Kontakt, indem es sich von Mutter und Rassel abwandte. Doch die Mutter hatte die Anweisung, dieses Signal einfach zu ignorieren, und hielt dem Kind die Rassel wieder vors Gesicht. Erneut wandte es den Kopf ab. Die Mutter wiederholte den Vorgang mehrere Male, und schließlich gab das Baby auf, wurde teilnahmslos und wandte den Blick ab.

Wie dieses Experiment zeigt, müssen Babys das Ausmaß und die Qualität der Interaktionen mit ihren Eltern soweit wie möglich bestimmen können. Auch dies gilt wieder für Kinder aller Altersstufen: Sie müssen in der Lage sein, die Intensität des Kontaktes mit uns zu kontrollieren, und ihn bei Bedarf sogar abbrechen dürfen. Sonst wird das immens wichtige Gefühl von Sicherheit, Vertrauen und Geborgenheit – die Grundsteine für ein gesundes Selbstwertgefühl – verletzt, und die Bindung zwischen Ihnen und Ihrem Kind leidet.

Wenn Sie Ihren Kindern vorschreiben, was sie sagen, denken und vor allem fühlen sollen, ist dies ein psychologischer Übergriff, der das Band zwischen Ihnen und dem Kind beeinträchtigt, denn das Kind verliert dabei das Gefühl für seine Unabhängigkeit und Eigenständigkeit.

Einer unserer Freunde, ein Schulpsychologe an einer Junior High School, berichtete uns folgende Geschichte:

Chris, ein Siebtkläßler, hatte Schwierigkeiten bei den Hausaufgaben. «Ich krieg den Aufsatz für Englisch einfach nicht hin», beschwerte er sich hilfesuchend bei seinem Vater. «Ich weiß nicht, worüber ich schreiben soll. Hast du vielleicht eine Idee für mich?»

Glenn, der Vater von Chris, antwortete: «Wie wär's denn, wenn du über den Angelausflug schreibst?»

«Tolle Idee!» rief Chris. «Das mach ich.»

«Aber zuerst mußt du eine Gliederung erstellen», fuhr Glenn fort. «Ich zeige dir, wie das geht.» Schon war er dabei, den Ausflug in allen Einzelheiten aufs Papier zu bringen. Aber nicht nur das: Ganz aufgeregt erklärte er seinem Sohn, wie gern er ihm half und wie gut er selbst früher beim Aufsatzschreiben gewesen war. «Du brauchst vor allem einen guten Einleitungssatz. Beispielsweise ...» Tatsächlich hatte er auch für den ersten Satz eine wunderbare Idee.

Inzwischen hatte sich Chris ganz in sich zurückgezogen. Glenn jedoch war gänzlich in seine eigenen Gefühle und Bedürfnisse verstrickt und bemerkte gar nicht, daß sein Sohn emotional und intellektuell nicht mehr anwesend war. Als Glenn fertig war, seinem Sohn seine Version des Ausflugs zu diktieren, war Chris regelrecht mürrisch geworden. Glenn verstand nicht, warum Chris so wenig Begeisterung oder Dankbarkeit aufbrachte.

Viele wohlmeinenden Eltern drängen sich unabsichtlich in den Bereich ihrer Kinder und sind verwirrt, wenn ihre Kinder sich daraufhin zurückziehen. Schließlich wollen sie – genau wie Glenn – doch nur helfen! Hätte Glenn den Rückzug von Chris zur Kenntnis genommen und beispielsweise gesagt: «Chris, du bist so still. Hast du das Gefühl, ich hab dir Vorschriften gemacht?», hätte

Chris die Gelegenheit gehabt, seinem Vater seine Gefühle zu offenbaren.

Auf einen Übergriff reagieren Kinder häufig damit, daß sie sich verschließen. Wenn Eltern zugeben, daß ein Übergriff stattgefunden hat, und sich anschließend wieder aus dem Terrain des Kindes zurückziehen, wagt es sich normalerweise von allein wieder hervor. Wenn sich Eltern bewußt sind, auf welche Art sie sich ihrem Kind möglicherweise aufdrängen, fühlen sich Kinder auch in engen Beziehungen sicher.

Das Wechselbad: Im-Stich-Lassen gepaart mit Übergriffsverhalten

Die kindliche Angst sowohl vor dem Verlassenwerden als auch vor emotionalen Übergriffen schlummert stets unter der Oberfläche unserer Interaktionen. Dies bedeutet, daß sich ein Kind gleichzeitig verlassen und als Opfer eines Übergriffs fühlen kann.

Ann ist eine achtjährige Drittkläßlerin. Denise und David, ihre Eltern, beteiligten sich an einem unserer Elternworkshops, weil Ann in der Schule immer wieder Ärger bekam. Sooft sie sich frustriert fühlte, schlug sie andere Kinder. Denise, eine stille, schüchterne und etwas verängstigt wirkende sechsunddreißigjährige Frau, erklärte, sie sei unfähig, Ann «zur Räson zu bringen», und sie wisse nicht mehr weiter. Sie gestand, daß sie selbst Konflikte haßte. Ihre Eltern hatten sich scheiden lassen, als sie noch klein war, und sie hatte ihre ständigen Streitereien miterlebt. Sobald Ann nun wütend oder frustriert war, fühlte sich Denise in ihre schwierige Kindheit zurückversetzt und bekam solche Angst, daß sie eine Fragmentierung erlebte, in der sie sich vollkommen hilflos fühlte.

David hingegen ärgerte sich über das ganze Problem und war sicher, daß er genau wußte, was Ann brauchte. Seine Lösung bestand darin, sie zu schlagen, wenn sie sich in der Schule schlecht benahm, denn er glaubte fest daran, er könne seiner Tochter das Schlagen abgewöhnen, wenn er sie nur hart genug dafür bestrafen würde. Seine Einstellung war nicht überraschend, denn Davids Vater war ein autoritärer Mann, der fest davon überzeugt war, daß eine Tracht Prügel zur rechten Zeit noch keinem ungezogenen Kind geschadet hat. Im Lauf der Jahre hatte David seinen Vater idealisiert und war zu der Überzeugung gekommen, daß die Strafen, die er über sich hatte ergehen lassen müssen, ihm geholfen hätten, sein eigenes impulsives Verhalten in den Griff zu bekommen. Leider haben Kinder, die geschlagen oder mißbraucht wurden, sehr oft das Gefühl, die Strafe verdient zu haben. Zwar verstehen sie nicht, warum man sie bestraft hat, aber sie haben den Gedanken verinnerlicht, daß sie böse gewesen sind.

Körperliche Züchtigungen – Schlagen, Ohrfeigen, Schütteln, Schubsen – sind die eklatantesten Übergriffe, die Eltern an einem Kind begehen können. (Zum Glück kann man heutzutage Prügel mit einem Gegenstand oder der geballten Faust bei der Polizei oder bei Kinderschutzorganisationen anzeigen – Erziehungsmethoden, die Eltern allzulange als ihr «gutes Recht» zugestanden wurden.) Kinder erleben es immer als ungerecht, wenn sie geschlagen werden. Ihr angeborenes Gefühl für Recht und Unrecht wird verletzt. Außerdem sind Kinder sehr empfindlich, wenn ihre Eltern widersprüchliche Botschaften vermitteln, beispielsweise: «Ich schlage dich und tue dir weh, damit du lernst, daß Schlagen falsch ist.» Selbst ganz kleine Kinder begreifen, daß doppeltes Unrecht noch lange kein Recht ist.

Als Seth ungefähr zweieinhalb war, bekam Tom das sehr deutlich zu spüren. In unserer Praxis erzählte er David die folgende Geschichte: «Wenn ich die Geduld verlor oder wenn Seths Verhalten mich zur Verzweiflung brachte, gab ich ihm mitunter einen Klaps. Seth reagierte immer wütend und verletzt. Als ich ihn eines Tages wieder schlug, schlug Seth zurück, Tränen der Wut in den Augen. Das machte mich noch zorniger, und ich gab ihm noch einen Klaps, weil er mich geschlagen hatte. Und er schlug wieder zurück.

Schließlich aber nahm er mir ein für allemal den Wind aus den Segeln. Er sah durch seine Tränen zu mir auf und sagte: ‹Daddy, es ist nicht fair, daß du mich schlägst, und ich darf nicht zurückschlagen!›

Die klare ehrliche Wahrheit dieser Bemerkung überwältigte mich, ich hob Seth hoch, drückte ihn an mich und entschuldigte mich. ‹Weißt du was?› sagte ich. ‹Du hast recht. Treffen wir eine Abmachung. In dieser Familie wird nicht mehr geschlagen.› Ich habe Seth nie wieder einen Klaps gegeben, und er brauchte sich auch nie wieder mit Schlagen oder Treten zu wehren, wenn wir unterschiedlicher Meinung waren. Aber einen Aspekt unserer Abmachung hatte ich nicht erwartet: was für eine große Erleichterung es für mich war, daß ich wußte, ich würde nie wieder zu körperlichen Disziplinierungsmaßnahmen greifen. Obwohl die Klapse eine Seltenheit gewesen waren, hatte ich immer ein schlechtes Gewissen und das Gefühl, irgendwie versagt zu haben. Seth hat mir die Augen geöffnet, mir gezeigt, warum ich es so empfand.»

Toms Geschichte brachte David dazu, die Verbindung zwischen der Art, wie er seine Tochter behandelte, und seiner eigenen Kindheit zu sehen. «Wissen Sie», erklärte er, «wenn ich ehrlich bin, muß ich sagen, daß ich jedes Mal, wenn mein Vater mich geschlagen hat, wütend war und mich ungerecht behandelt fühlte. Ich spürte, daß ich eine so harte Strafe nicht verdient hatte. Obwohl ich meinen Vater abgöttisch liebte und so werden wollte wie er, war ich ihm nie wirklich nahe. Ich hatte Angst vor ihm und seinen Launen.»

Davids Verehrung für seinen Vater entsprang dem Wunsch, ihm nahe zu sein. Offensichtlich wußte Davids Vater nicht, daß er, wenn er wütend war und seinem Sohn weh tat, ihrer Bindung schadete. Wir erklärten David, daß er dieses schmerzliche Erbe durchbrechen konnte, wenn er Regel 1 des Elternprozesses befolgte, und ihm dies außerdem erleichtern würde, eine Nähe zu seiner Tochter zu entwickeln, die zwischen ihm und seinem Vater nie möglich war.

Im anschließenden Gespräch klärten wir, wie Anns schulisches

Fehlverhalten mit ihrer Beziehung zu ihrem Vater zusammenhing. David war für sie ein Vorbild geworden. Weil er schlug, wenn er wütend war, hatte seine Tochter kein konstruktives Vorbild, wie sie mit ihrer Wut ihren Klassenkameraden oder auch ihrem Vater gegenüber fertig werden konnte. Tatsächlich war das Verhältnis zwischen Vater und Tochter äußerst gespannt.

Noch komplizierter wurde die Lage dadurch, daß auch Denise ihrem Kind nicht helfen konnte. Sie hatte selbst solche Angst vor Konflikten, daß sie es nicht schaffte, Ann zu beschützen, was wiederum das Kind verletzte und wütend auf seine Mutter machte. Ann hatte gelernt, daß Denise nicht in der Lage war, sie effektiv vor ihrem Vater zu beschützen.

So wurde Ann von ihrer Mutter im Stich gelassen, während ihr Vater ungehindert Übergriffe in ihr Terrain unternahm. Da die Bindung zu Mutter und Vater ständig beeinträchtigt war, blieb Ann niemand, an den sie sich wenden konnte. Sie besaß keine zuverlässige Quelle von Sicherheit und Vertrauen, und sie hatte nicht gelernt, über ihre Gefühle zu sprechen und mit ihrer Frustration umzugehen.

Unbewußt rechtfertigte Ann ihr Verhalten in der Schule dadurch, daß sie zu Hause geschlagen wurde. Wenn es für ihren Vater okay war, sie zu schlagen, wenn er wütend war, mußte es auch für sie okay sein. Tatsächlich hatten die meisten Kinder in ihrer Klasse Angst vor Ann. Demzufolge hatte sie Schwierigkeiten, Freunde zu finden. Die Unfähigkeit, Nähe und Intimität in einer Beziehung aufrechtzuerhalten, war von Davids Vater an David und von David an Ann weitergegeben worden.

Das Problem der Nähe begann sich in dieser Familie mit einem Treffen in unserer Praxis zu lösen, in dessen Verlauf wir Denise und David ermunterten, mit Ann zu sprechen und dabei stets Regel 1 des Elternprozesses im Gedächtnis zu behalten. Wir unterstützten Denise dabei, ihrem Ehemann in Anns Gegenwart zu sagen, daß Schlagen immer unangemessen ist und in ihrem Fall das

Problem nur verstärkte. Nach mehreren Treffen begann Ann ihre Mutter als stark und beschützend wahrzunehmen, und sie fühlte sich weniger im Stich gelassen.

Wir forderten David auf, sich Anns Gefühle anzuhören, ohne sie gleich in Frage zu stellen. Sie sagte ihm: «Ich bekomme Angst, wenn du mich schlägst. Du tust mir weh, innen und außen. Ich schlage meine Freunde auch nicht gern, aber ich weiß nicht, was ich sonst tun soll, wenn ich wütend bin.» Allmählich begann David zu verstehen, daß Ann bei diesem Problem Hilfe brauchte. Statt wütend zu werden, konnte er sich in sie hineinversetzen. Er gab zu, daß auch er selbst nicht wußte, was er tun sollte, wenn er wütend wurde. Davids eigene Vergangenheit und seine mangelhaften Elternkapazitäten waren der Grund für seine Frustration. Nun, da David lernte, mehr auf Ann einzugehen, fühlte diese sich nicht mehr so bedrängt. Die Bindung, die sich auf diese Weise entwickelte, die daraus entstehende Sicherheit und das wachsende Vertrauen gaben der Familie endlich die Möglichkeit, nach echten Lösungen zu suchen.

Wenn wir unsere Kinder bestrafen, ohne nachzuforschen, welche Gefühle hinter ihrem Verhalten stecken, sehen wir das wahre Problem nicht. Der erste Punkt, auf den man sich konzentrieren sollte, ist die emotionale Bindung innerhalb der Familie. Wann immer Sie Konflikte mit Ihrem Kind haben, müssen Sie zum Anfang zurückgehen und untersuchen, ob Sie es im Stich gelassen haben oder in sein Terrain eingedrungen sind – vielleicht sogar, ohne es zu merken.

Oft geschehen Übergriffe oder Im-Stich-Lassen sehr subtil. Wir sind in Gedanken versunken, wenn unsere Kinder mit uns reden, wir schreien sie von der anderen Seite der Wohnung her an, ohne direkten Kontakt aufzunehmen, wir ignorieren sie oder tun nur so, als hörten wir ihnen zu. Andauernde kleine Verletzungen können sich häufen. Als Erwachsene müssen wir uns ständig bewußt machen, daß wir mit unseren Reaktionen oder unserem Verhalten bei unseren Kindern den Eindruck erwecken können, daß wir sie im Stich lassen oder einen Übergriff in ihr Terrain unternehmen. Wenn Sie zu beschäftigt oder zu erschöpft sind, um Ihren Kindern zuzuhören, dann sagen Sie lieber: «Im Moment bin ich zu müde, um dir richtig zuzuhören. Wie wäre es nach dem Essen?» Genauso, wie sich kleine Verletzungen summieren, so geschieht es auch mit guten Gefühlen, die zwischen unseren Kindern und uns entstehen, wenn wir aufeinander eingehen.

Überprüfen Sie die Bindungen in Ihrer Familie

Um einzuschätzen, wie die Bindung zu Ihren Kindern beschaffen ist, stellen Sie sich die folgenden Fragen:

1. Versuche ich, die emotionale und physische Verfassung meines Kindes zu erkennen und darauf einzugehen?
2. Gebe ich meinen Kindern körperliche Zuwendung?
3. Akzeptiere ich das Bedürfnis meiner älteren Kinder nach Nähe?
4. Drohe ich damit, meine Kinder im Stich zu lassen, wenn sie mich wütend machen?
5. Respektiere ich die Gefühle meiner Kinder oder neige ich zu Übergriffen?
6. Werde ich fragmentiert oder ziehe ich mich zurück, wenn meine Kinder sich über mich ärgern?

Wenn Sie in der Gegenwart bleiben und im Umgang mit Ihrem Kind nicht auf Ihre eigene Erblast reagieren, wird es Ihnen weniger leicht passieren, daß Sie Ihre Kinder im Stich lassen oder in ihr Terrain eindringen, und Sie können Geborgenheit, Vertrauen und eine starke Bindung schaffen. Eine solche Beziehung wird für Ihr Kind zum Vorbild, nach dem es seine jetzigen und zukünftigen Beziehungen ausrichtet.

KAPITEL 6

Spiegeln

Jedes Kind hat das Bedürfnis,
wahrgenommen, verstanden, ernst genommen
und respektiert zu werden.
ALICE MILLER, Das Drama des begabten Kindes

Der Elternprozeß
Regel 2: Spiegle und reflektiere einfühlsam die Gefühle deiner Kinder.

Einfühlsames Einstimmen heißt, das eigene Verhalten auf die emotionale Verfassung Ihres Kindes einzustellen. Ihr Engagement fördert die seelische Entwicklung Ihres Kindes. Sie sollten ihm zuhören, wenn es Ihnen von seinen inneren Erfahrungen erzählt, damit es sich bestätigt und angenommen fühlt.

Die Kunst, uns auf Kinder einzulassen, lernten wir von Molly Edmundson, einer Lehrerin, mit der wir an der Midtown School zusammenarbeiteten, lange bevor wir je etwas über die Theorie und das Konzept des einfühlsamen Einstimmens gelesen hatten. Im folgenden beschreiben wir Mollys Ansatz:

Ivan, ein Vierjähriger aus Mollys Klasse, kam am ersten Tag mit ein paar Spielzeugpistolen zur Schule. In der Schule waren solche Pistolen prinzipiell verboten. Statt dem Jungen die Pistolen jedoch einfach wegzunehmen, erklärte Molly ihm die Regel und fügte hinzu: «Weil es dein erster Schultag ist, konntest du das alles natürlich nicht wissen. Deshalb kannst du die Pistolen heute behalten, Ivan, aber bitte schieß damit nicht auf andere Leute. Wenn sie dir zu schwer werden, lege ich sie für dich an einen Platz, wo du sie im Auge behalten kannst. Da sind sie in Sicherheit, bis es Zeit ist, nach Hause zu gehen.»

Als Ivans Mutter Diane kam, um ihn abzuholen, erkundigte sich Molly bei ihr unter vier Augen nach den Interessen ihres Sohnes. «Er hat Spaß daran, Sachen zu reparieren, und benutzt gern Werkzeug», antwortete Diane.

Am nächsten Tag trug Ivan die Pistolen wieder, und Diane erklärte, er hätte sich geweigert, ohne die Waffen das Haus zu verlassen. Molly nickte, nahm Ivan beiseite und sagte: «Anscheinend bist du noch nicht so weit, daß du die Pistolen ablegen kannst. Das verstehe ich. Komm, Ivan, setz dich zu mir auf den Teppich, ich will dir etwas zeigen. Deine Mom hat mir erzählt, daß du gern Sachen reparierst, deshalb hab ich dir ein bißchen Werkzeug mitgebracht. Dieses alte Radio hier müßte nämlich auseinandergenommen werden. Möchtest du mir dabei helfen?»

Ivan war begeistert, und kurz darauf bat er Molly, die Pistolen für ihn wegzulegen, weil sie ihn behinderten. «Kannst du sie an der besonderen Stelle aufheben, wie du's mir gestern versprochen hast?» fragte er. Molly kam seiner Bitte sofort nach.

Schon bald erweckte Mollys und Ivans Beschäftigung auch das Interesse einiger anderer Kinder. «Ivan hilft mir, das Radio hier zu reparieren, und wir könnten gut noch ein paar Helfer gebrauchen», erklärte Molly. Sie ermöglichte es Ivan, sich ohne Angst in das Leben im Klassenzimmer einzufügen, denn sie nahm Rücksicht auf das Tempo und die Interessen des Jungen. Indem sie sich auf ihn einstellte, zeigte Molly ihren Respekt vor Ivan als Person.

Einfühlsames Einstimmen ist eine Grundhaltung, eine Art des Zusammenseins mit Ihren Kindern. Wenn Eltern sich einfühlsam verhalten, schaffen sie für ihre Kinder Bedingungen, in denen sie sich verstanden und angenommen fühlen, eine für die Entwicklung immens wichtige Voraussetzung. Eltern können dieses Wissen direkt vermitteln, indem sie die Gefühle ihres Kindes verbal *spiegeln*. Einfühlen bedeutet, auf das Seelenleben Ihres Kindes einzugehen, und im Spiegeln wird dies ausgedrückt. Wenn es zutreffend ist, wissen Ihre Kinder, daß sie ihre innere Erfahrung erfolgreich vermittelt haben. Regel 2 des Elternprozesses legt Ihnen nahe, *die Gefühle Ihres Kindes einfühlsam zu spiegeln*.

Die Schlacht um den Keks – die Bedeutung des Spiegelns

In einem unserer Elternkurse berichtete Barbara von entsetzlichen Machtkämpfen mit ihrer dreijährigen Tochter Allie. Diese Konflikte beunruhigten Barbara, weil sie in ihr die Erinnerung an die Beziehung zu ihrer eigenen Mutter wachriefen, einer starken, kontrollierenden Frau. Bei diesen Auseinandersetzungen hatte sie meist den kürzeren gezogen.

In unserem Kurs konzentrierte sich die Diskussion auf Barbaras Kämpfe mit Allie. Barbara erzählte von einem Vorfall im Supermarkt: Sie hatte den Einkaufswagen mit ihrer Tochter langsam am Keksregal vorbeigeschoben, und Allie hatte eine Packung mit ihren Lieblingskeksen entdeckt. Mit erstaunlicher Behendigkeit packte das kleine Mädchen die Schachtel und rief: «Schau, Mommy, da sind meine Oreos!»

«Einen Augenblick hab ich gezögert», berichtete Barbara. «Ich wollte die Kekse nicht kaufen, weil ich Allies Süßigkeitenkonsum sowieso übertrieben fand. Aber ich merkte, wie aufgeregt sie war, und von früheren ähnlichen Gelegenheiten wußte ich, daß ich Gefahr lief, eine Riesenszene mitten im Supermarkt zu provozieren, wenn ich ihr die Kekse verweigern würde.»

In der Vergangenheit hatte Barbara oft nachgegeben, doch diesmal wappnete sie sich für den bevorstehenden Kampf. «Ich zwang mich, ruhig zu bleiben, und hoffte, ich würde die Situation bestimmt, aber einigermaßen zivilisiert lösen. ‹Allie, du bekommst die Oreos nicht›, erklärte ich ihr. ‹Sie sind wirklich nicht gut für dich.› Sofort veränderte sich ihr Gesicht: Die Aufregung schwand, Allie sah beleidigt aus, dann wütend und entschlossen. Sie umklammerte die Kekspackung und rief trotzig: ‹Nein!›»

Barbara versuchte, mit ihrer Tochter zu verhandeln, wobei sie bereits merkte, daß die Leute auf sie beide aufmerksam wurden. «Allie, ich hab dir doch gesagt, daß in den Keksen zuviel Zucker ist», sagte sie. Doch solche Erklärungen fruchteten bei der trotzigen und auf Unabhängigkeit erpichten Dreijährigen natürlich nicht. Sie reagierte mit einem immer erbitterteren und bald ohrenbetäubenden Nein.

Nun fühlte sich Barbara in die Opferrolle gedrängt und frustriert, wie sie es als Kind so oft gewesen war, sie begann, die Kontrolle zu verlieren. Voller Zorn und Verzweiflung befahl sie ihrer Tochter unter Strafandrohung, brav zu sein und die Kekse sofort zurückzustellen.

Allie gab nicht nach. Schließlich packte Barbara, der nichts Besseres mehr einfiel, das Kind an der Hand und entriß ihr die Packung. Jetzt heulte und schrie Allie lauthals. Ratlos und voller Verlegenheit ließ Barbara den Einkaufswagen stehen und floh mit ihrem schreienden Kind aus dem Supermarkt, hinaus in ihr Auto. Nach einer Viertelstunde hatten sich Mutter und Tochter wieder etwas beruhigt. Doch Barbara wurde das Gefühl nicht los, zwar die Keksschlacht gewonnen zu haben, insgesamt aber auf verlorenem Posten zu stehen. «In solchen Momenten hilft kein Elternratgeber der Welt», erklärte uns Barbara.

Um solche Situationen zu meistern, ohne ein Kind mit körperlichem oder emotionalem Zwang zu unterdrücken, ist es wichtig, daß Sie lernen zu «spiegeln», das heißt, die Gefühle Ihres Kindes akkurat zu reflektieren.

Die Kunst des Spiegelns

Mit Hilfe dieser Technik bieten Sie Ihrem Kind sozusagen ein emotionales Spiegelbild. Ihr Kind sucht Ihre Bestätigung, denn Kinder brauchen jemanden, in dem sie sich sehen und der ihre emotionale Erfahrung identifiziert. Genau wie Sie Ihr Gesicht nicht sehen können, ohne in den Spiegel zu schauen, kann ein Kind sich selbst und seine Gefühle nicht kennenlernen, ohne daß Sie ihm als emotionaler Spiegel dienen. Ein Kind merkt, daß es wahrgenommen, angehört und verstanden wird, wenn Sie seine Erfahrungen für es widerspiegeln. Dann kann es seine Emotionen besser ausdrücken und sicher sein, daß Sie es akzeptieren. Ausdrücke wie «das klingt so», «das scheint mir», «was du mir sagst, hört sich an wie» oder «damit meinst du wohl» teilen Ihrem Kind mit, daß Sie seine Gefühle richtig verstehen.

Stellen Sie sich eine Situation vor, in der Ihr Kleinkind nach der Kaffeekanne greifen will. Natürlich müssen Sie es daran hindern, aber es ist schwierig für das Kind, mit der Wut darüber, daß Sie seine natürliche Neugier beschneiden, angemessen umzugehen. Wenn Sie den Ärger Ihres Kindes mit Äußerungen wie «Ich weiß, du willst die Kanne anfassen und ärgerst dich über mich, weil ich dich daran hindere. Es ist in Ordnung, daß du wütend bist» widerspiegeln, bestätigen Sie ihm, daß seine emotionale Erfahrung real ist.

Es gibt einen wichtigen Unterschied zwischen «Werd bloß nicht wütend, wenn ich dich daran hindere, die Kaffeekanne anzufassen» und «Ich sehe, wie wütend du bist, daß ich dich daran gehindert habe, die Kanne anzufassen, das ist auch in Ordnung, aber ich lasse sie dich trotzdem nicht anfassen, weil sie viel zu heiß ist.» Im ersten Satz leugnen Sie die Realität des Kindes, im zweiten bestätigen Sie seine Erfahrung. Schon sehr kleine Kinder beginnen ihre Gefühle zu begreifen, wenn die Eltern sie deutlich erkennen und richtig widerspiegeln. So macht das Kind die Erfahrung: «Ja, das bin ich! Ich bin wütend, und die Kaffeekanne ist zu heiß zum Anfassen.»

Barbara und Allie lösen ihren Konflikt mit Hilfe des Spiegelns

Hätte Barbara die Technik des Spiegelns gekannt, wäre ihr wahrscheinlich klar geworden, daß es für ihre Tochter wichtiger war, eine Bestätigung ihrer Gefühle zu bekommen, als ihren Willen durchzusetzen. Der Konflikt hätte beispielsweise folgendermaßen gelöst werden können:

Allie: Schau, Mommy, da sind meine Oreos!

Barbara: Ich sehe, wie aufgeregt du bist. Du willst unbedingt welche haben, stimmt's?

Allie: Ja, Mommy, das sind meine Lieblingskekse!

Barbara: Weißt du was, Allie? Heute möchte ich sie trotzdem nicht kaufen, weil sie viel zuviel Zucker haben. Stell sie bitte zurück.

Allie: Nein! Nein! Ich stell sie nicht zurück!

Barbara holt tief Luft.

Barbara: Ich verstehe, daß du sie haben willst, ich hör dir an, wie wütend du bist. Aber du mußt sie trotzdem zurückstellen.

Allie: Neulich hast du mir welche gekauft. Jetzt will ich sie auch!

Barbara: Du hast recht, manchmal kaufe ich sie dir. Aber ich muß entscheiden, wann du sie haben kannst, und ich weiß, daß es jetzt nicht gut wäre.

Allie: Ich will die Kekse! Du bist gemein! Ich mag dich nicht mehr!

Barbara: Du bist jetzt wirklich sehr wütend auf mich, richtig? Du kannst ruhig wütend sein, aber die Oreos müssen trotzdem wieder ins Regal zurück!

In diesem Szenario bleibt Barbara bei Allies Gefühlen und achtet nicht auf die Umstehenden. Außerdem nimmt sie Allies Bemerkungen nicht persönlich.

Allie hat zwar nicht kapituliert, aber sie steckt Stück für Stück zurück, weil Barbara ihr weder das Recht verwehrt, die Kekse zu wollen, noch ihr Recht, wütend zu sein, weil ihr Wunsch nicht erfüllt wird. Allie hat einen Anspruch auf ihre Gefühle, auch wenn ihre Mutter nicht nachgibt.

Allie: (ein wenig traurig, nicht mehr so wütend) Stell du sie zurück, ich will nicht.

Barbara: Okay, ich stelle sie für dich zurück. Du bist traurig, ich verstehe, daß du sie deshalb jetzt nicht zurückstellen willst.

Spiegeln und das sich entwickelnde Selbstwertgefühl

Wenn wir die Gefühle unseres Kindes widerspiegeln, beginnt es, sich selbst als eigenständig und seine eigene Erfahrung als einmalig in der Welt zu begreifen. Viele Psychologen sind der Meinung, durch Spiegeln bekomme das Kind ein Bild von sich selbst. In ihrem Buch *Körper, Selbst und Seele* erklären Dr. Jack Rosenberg und Dr. Marjorie Rand, daß Spiegeln «dem Kind erlaubt, sein Selbst zu entwickeln, und ihm gestattet, es selbst zu sein, getrennt von seiner Mutter». Und natürlich auch getrennt vom Vater!

Wenn ein Kind erschreckende Erlebnisse hat – beispielsweise eine angsteinflößende Fernsehsendung sieht –, vergessen wir oft das Spiegeln. Wir neigen dazu, die Angst zu leugnen oder dem Kind nahezulegen, daß es selbst seine Angst leugnet. «Das ist doch bloß eine Geschichte», hören wir uns sagen. Wenn phantasierte Ängste oder Alpträume auftreten, nehmen wir häufig Zuflucht bei beruhigenden Kommentaren wie: «Hab keine Angst. Das ist okay.» Doch ein Kind fühlt sich wesentlich besser getröstet, wenn Sie seine Gefühle spiegeln. «Du hattest einen schlimmen Traum. Sieht aus, als hättest du wirklich Angst. Ich setze mich zu dir, bis du wieder eingeschlafen bist.»

Wir alle erleben unsere Gefühle in unserem Körper. Sobald Kinder spüren, daß ihre Gefühle bestätigt und verstanden werden, können diese integriert und zugelassen werden. Auf der anderen Seite ist ein Kind, das sich mißverstanden fühlt, weiter verletzt und wütend, und sein Wohlbefinden leidet. Ohne Bestätigung und Bekräftigung hält es seine Gefühle buchstäblich in seinem Körper fest. Es wird emotional gehemmt und verschlossen. Wir alle kennen trotzige Kinder: Der Trotz zeigt sich körperlich: zusammengebissene Zähne, verschlossenes Gesicht, verkrampfte Haltung. Durch angemessenes Spiegeln können Kinder ihre Emotionen zulassen und ihr Wohlbefinden wiedererlangen.

Wir haben dieses Prinzip in unserer Familie in Aktion gesehen, als Seth vier war und seine Tante Sylvia starb, an der er sehr hing. Etwa vier Monate nach ihrem Tod waren Seth und Eileen im Auto unterwegs. Mit Tränen in den Augen wandte sich Seth an Eileen und sagte: «Mom, ich vermisse Tante Syl.» Eileen hielt am Straßenrand, legte den Arm um Seth und antwortete: «Seth, du vermißt sie wirklich, nicht wahr? Ich sehe, wie traurig du bist.» Seth begann zu schluchzen, weinte eine Weile immer heftiger, aber schließlich versiegten die Tränen. In wenigen Momenten wurde aus dem Schluchzen ein tiefes Seufzen, und endlich, nachdem er so seinen Gefühlen freien Lauf gelassen hatte, sagte Seth mit klarer, gefaßter Stimme: «Okay, Mom, jetzt können wir zum Einkaufen fahren.»

Indem Sie die sich entwickelnde Persönlichkeit Ihres Kindes annehmen und widerspiegeln, stärken Sie die Eltern-Kind-Bindung. Sie vermitteln Ihrem Kind, daß die Liebe zwischen Ihnen und ihm bestehen bleibt, auch wenn sein eigenständiges Selbst an die Oberfläche tritt. Sie sagen Ihrem Kind: «Ich bleibe bei dir, während du heranwächst. Ich interessiere mich für das, was du mir mitteilst – mit Worten, mit deinem Körper, mit deinem Verhalten. Ich bin für dich da und bemühe mich nach Kräften, deine Gefühle zu verstehen und dir zu helfen, dich selbst zu verstehen. Ich unterstütze dich bei deinen Problemen, ohne dich ins Unrecht zu setzen. Ich sorge dafür, daß du in unserer Beziehung geborgen bist, daß du deine wahren Gefühle ohne Angst ausdrücken kannst.» Spiegeln ist ein Ausdruck der Liebe.

Verschleiern des Spiegelbildes

In vielen Hinsichten sind wir das, was wir fühlen. Wenn die Emotionen eines Kindes unterdrückt, nicht anerkannt oder auf andere Weise nicht richtig gespiegelt werden, wird sein noch instabiles Selbstwertgefühl erschüttert. Wenn wir die aufgeschlagenen Knie ignorieren und das Kind beschimpfen, weil es weint, empfindet es den Tadel als eine Zurückweisung und fühlt sich in seiner Persönlichkeit abgelehnt. Diese negativen Gefühle können sich summieren und schließlich als Scham, Demütigung und Schuldgefühle verinnerlicht werden. Sie beeinflussen dann nicht nur das Verhalten des Kindes, sondern – weit wichtiger – sie prägen das Bild, das es von sich selbst hat. Durch falsches Spiegeln hervorgerufene Verletzungen sind sehr häufig und werden von einer Generation zur nächsten weitergegeben. Zu lernen wie man die Gefühle eines Kindes richtig reflektiert, ist eine ganz wichtige Möglichkeit, die Kette emotionaler Verletzungen zu durchbrechen.

Wenn wir mit unseren eigenen Emotionen nicht im reinen sind, können wir die Gefühle des Kindes nicht richtig spiegeln. Es erhält ein verschwommenes oder verzerrtes Bild. Das Kind braucht aber ein klares Spiegelbild seiner selbst und ein ebenso klares Bild von unseren Gefühlen, und weil beide Bilder nicht miteinander verschmelzen sollten, ist es so wichtig, daß wir uns über unsere Gefühle und unsere Schwachstellen im klaren sind. Wir müssen uns unsere Familienmuster ebenso bewußt machen wie die Botschaften, die uns übermittelt wurden und die wir mit hoher Wahrscheinlichkeit weitergeben (siehe auch Kapitel 2 und 3).

Auch wenn unser Kind in Gefahr gerät – beispielsweise, weil es auf eine stark befahrene Straße läuft, ohne sich umzusehen –, sind unsere Emotionen meistens so stark, daß wir ihm nicht mehr als Spiegel dienen können. Die meisten Eltern bekommen in solchen Streßmomenten einen riesigen Schreck, den sie hinter einem Wutausbruch verbergen. In der Hitze des Augenblicks überdeckt der Ärger plötzlich alle anderen Emotionen. Doch sobald *Eltern* sich ihre Angst eingestehen können, sind sie viel eher in der Lage, die Gefühle des Kindes zu spiegeln. Eine angemessene Reaktion könnte sein: «Als du auf die Straße gelaufen bist, ohne nach rechts und links zu sehen, hab ich mich furchtbar erschrocken, und darüber habe ich mich geärgert. Anscheinend hattest du auch Angst, als das Auto gehupt hat. Wir müssen uns darüber unterhalten, wie man eine Straße überquert, damit du weißt, wie man das am besten macht, und ich mir keine Sorgen machen muß.»

Die meisten von uns haben gelernt, daß man mit Schmerz, Ärger, Traurigkeit und Aufgebrachtheit eines Kindes am besten so umgeht, daß man das negative Gefühl durch ein positives ersetzt. Wie oft haben Sie beobachtet, wie ein Vater oder eine Mutter einem weinenden Baby mit einem Spielzeug vor der Nase herumfuchtelt, um es abzulenken? Viele Eltern glauben, daß ein Kind sich besser fühlt, wenn man es ablenkt, aber zuviel Ablenkung kann auch verhindern, daß es seine Gefühle erkennt und in den Griff bekommt. Wenn Sie nicht wissen, wie Sie die Gefühle Ihres Kindes spiegeln sollen, lenken Sie es vielleicht ab, um eine Konfrontation zu vermeiden. Wenn Ablenkung zu oft als Technik oder Trick eingesetzt wird, kann sie zum Grundstein eines Erziehungsstils werden, durch den man leicht die Gelegenheit verpaßt, das Kind in seiner emotionalen Entwicklung zu unterstützen.

Statt ein Kind, das durcheinander ist, abzulenken oder es zu tadeln, wenn es wütend ist, können Sie durch Spiegeln einen emotionalen Rahmen schaffen, in dem Ihr Kind die Möglichkeit hat, seinen Kummer zu erfahren und dann zu anderen Gefühlen, Gedanken und Beschäftigungen überzugehen. So entsteht für das Kind ein emotionaler Freiraum, in dem es lernt, seine eigenen Gefühle und Verhaltensweisen zu kontrollieren.

Grundsätzlich gibt es keine richtigen oder falschen Gefühle. Emotionen haben im Körper ihre eigene Realität. Doch viele von uns haben aufgrund unserer Erblasten vorgefaßte Vorstellungen darüber, welche Gefühle ein Kind haben und ausdrücken soll. Diese Vorurteile reflektieren unsere Einstellung zu unseren eigenen Gefühlen – welche akzeptabel sind und welche nicht. Indem wir bestimmte Gefühle zensieren, beeinflussen wir die emotionale Entwicklung unserer Kinder, denn wir behindern den Kontakt zu diesen Gefühlen. Einem Elternteil, der Schwierigkeiten hat, mit Wut umzugehen, fällt es meist schwer, bei seinen Kindern Wut zu tolerieren. Dies kann dazu führen, daß die Kinder entweder ebenfalls Schwierigkeiten haben, ihre Wut zu äußern, oder umgekehrt, daß sie dauernd wütend sind.

Bei einem unserer Workshops berichtete ein Vater – John –, wie er im Alter von vier Jahren einmal furchtbar wütend auf seine Mutter gewesen war. Als er schrie: «Ich hasse dich!», brach sie – eine sehr junge, unsichere Frau – in Tränen aus. Verständlicherweise erschrak John entsetzlich, und diese negative Assoziation im Zusammenhang mit Wut hat sich ihm tief eingeprägt. Nun fürchtete er den Ärger in sich und in anderen. Die Reaktion seiner Mutter hatte John das Gefühl vermittelt, seine Wut könnte die Menschen, die er liebte, zerstören, oder umgekehrt, ihre Wut würde ihn zerstören. Deshalb fraß er seine negativen Gefühle in sich hinein. Noch als erwachsener Mann steckte er in dem ungelösten emotionalen Dilemma seiner Kindheit und brachte es nicht fertig, seine Wut als normale Reaktion anzusehen.

Wir halfen John zu begreifen, daß ihm seine Probleme mit der Wut als Erbteil weitergegeben worden waren und daß er dieses

Erbe womöglich auch seinen Kindern aufbürden würde. Wir zeigten ihm, wie er die Wut seiner Kinder spiegeln konnte, selbst wenn ihn solche Gefühle beunruhigten. So konnte er ihnen den emotionalen Freiraum schaffen, ihren Ärger zu erfahren und auszudrücken.

Wenn Spiegeln zur Kommunikation in der Familie gehört, bleiben unsere emotionalen Bande unversehrt, selbst wenn wir dunkleren Gefühlen wie Schmerz und Zorn Ausdruck verleihen. Wenn wir darauf vertrauen, daß diese Bande der Wucht solcher Gefühle standhalten, haben wir die Chance, Probleme wirklich zu lösen, statt sie unter den Teppich zu kehren und unsere Gefühle zu unterdrücken; Unterdrücken und Verbergen ruft nur allzuleicht eine emotionale Distanz zwischen Eltern und Kindern hervor.

Spiegelverletzungen

Die eigenen Gefühle zu erkennen ist eine wichtige Voraussetzung für das Spiegeln. Mit Hilfe des Spiegelns kann ein Kind seine Gefühle akzeptieren, was sein Selbstwertgefühl fördert. John, ein Achtkläßler, wurde beispielsweise für eine Rolle in der Theateraufführung der Schule ausgewählt. Als er heimkam und seinem Vater Scott davon erzählte, antwortete dieser: «Ich sehe, du bist stolz und aufgeregt, daß sie dich ausgewählt haben.»

«Ja, ich fühl mich toll», bestätigte John.

Falsches Spiegeln andererseits beeinträchtigt die authentischen Gefühle eines Kindes und behindert die Identitätsfindung. Stellen Sie sich die dreijährige Vanessa vor, die hinfällt, rasch wieder aufsteht und nur ihr Knie anschaut. Wenn wir nervös und ängstlich sind, sagen wir vielleicht: «O mein Gott, du hast dir weh getan!» Diese Feststellung spiegelt eher unsere eigenen Gefühle als die von Vanessa. Um unserer Reaktion zu entsprechen, beginnt sie womöglich zu weinen, oder sie tut, als wäre nichts passiert, um uns zu beruhigen. Wenn Vanessa aber hinfällt, zu weinen anfängt und wir dann sagen: «Komm, steh auf, ist ja nichts passiert», leugnen wir ihre Gefühle ebenfalls. In diesem Fall verbirgt Vanessa vielleicht in Zukunft ihre Gefühle, oder aber sie weint lauter, damit wir endlich merken, daß ihr etwas weh tut.

Richtiges Spiegeln im ersten Fall wäre eine Bemerkung wie: «Oh, du bist hingefallen, Vanessa. Sieht aus, als hättest du dir am Knie ein bißchen weh getan.» Im zweiten Fall könnten wir sagen: «Oh, du weinst aber sehr. Das hört sich an, als hättest du dir sehr weh getan.»

Falsches Spiegeln führt zu Spiegelverletzungen. Davon gibt es eine Reihe verschiedener Formen: ungenügendes und übermäßiges Spiegeln, verzerrtes Spiegeln, kritisches Spiegeln. Untersuchen wir diese etwas eingehender.

Ungenügendes Spiegeln

Sie spiegeln nur ungenügend, wenn Sie mit weniger Gefühl reagieren, als Ihr Kind zum Ausdruck bringt. Beispielsweise erzählt Ihnen Ihr Sohn Jonathan vom bevorstehenden Schulfest. Vor Aufregung schnappt seine Stimme fast über, er kann kaum an sich halten. Aber Ihre Reaktion fällt vergleichsweise zurückhaltend aus. Sie nehmen die Aufregung Ihres Kindes kaum zur Kenntnis. Als Ergebnis fühlt sich Jonathan unsichtbar oder unwichtig. Möglicherweise glaubt er, daß seine Gefühle keine Rolle spielen oder daß etwas an seinem Überschwang nicht stimmt.

Übersteigertes Spiegeln

Manchmal ist das Spiegelbild, das Sie Ihrem Kind vermitteln, eine Übertreibung dessen, was das Kind fühlt oder geleistet hat. Beispielsweise sagt Audrey Ihnen, daß ihr das Bild gefällt, das sie eben gemalt hat. Sie antworten: «Das ist das beste Bild, das ich jemals zu Gesicht bekommen habe! Bestimmt wirst du einmal eine berühmte Malerin. Wann hast du deine erste Ausstellung?» Jetzt ist Audrey wahrscheinlich mißtrauisch und fühlt sich in ihrer wirklichen Leistung abgewertet.

Verzerrtes Spiegeln

Dies tritt auf, wenn Ihre Reaktion überhaupt nicht mit den Gefühlen übereinstimmt, die Ihr Kind ausdrückt. Wenn Linda heimkommt und begeistert erzählt, daß sie endlich in den Debattierclub aufgenommen worden ist, und Sie mit der Frage reagieren, wann sie endlich ihr Zimmer aufräumt, dann kann sich Linda in dieser Antwort nicht wiederfinden und fühlt sich infolgedessen unwichtig und allein.

Kritisches Spiegeln

Wenn Sie kritisch spiegeln, drücken Sie Vorbehalte gegen die Gefühle Ihres Kindes aus. Möglicherweise äußern Sie offene Kritik, indem Sie sagen: «Es ist dumm, so etwas zu fühlen.» Oder Sie antworten in bester Absicht: «Das ist doch Quatsch, alle mögen dich», wenn Robert sich beklagt, daß er keine Freunde hat. Kritisches Spiegeln flößt dem Kind Zweifel daran ein, daß es ein Recht auf seine Gefühle hat. Es beginnt zu befürchten, etwas könnte mit ihm nicht in Ordnung sein oder es wäre schlecht.

Übertreibung oder Realität?

Manchmal haben Eltern Schwierigkeiten damit, die Gefühle ihrer Kinder zu spiegeln, weil sie zu dem Schluß kommen, daß diese Gefühle übertrieben oder gespielt sind. Vor mehreren Jahren, als Elaine noch Vorschullehrerin war, erzählte ein Vierjähriger in ihrer Gruppe seinem Vater, er habe Angst, daß sich im Wandschrank ein Löwe verstecke. Der Vater bestand darauf, sein Sohn müsse die Realität akzeptieren, daß es im Wandschrank keine Löwen gibt. Selbstverständlich stimmte das, aber wir alle wissen doch, daß es selten hilft, wenn man jemandem, der sich fürchtet, sagt, er solle keine Angst haben.

Der Vater nahm keinen einfühlenden Kontakt zu seinem Sohn auf. Durch richtiges Spiegeln hätte er ihm beispielsweise sagen können: «Du hast wirklich Angst, daß ein Löwe im Wandschrank sitzt, stimmt's? Ich weiß ganz bestimmt, daß Löwen nicht in einem Schrank leben können. Komm, gib mir deine Hand, dann sehen wir zusammen nach.»

Kinder vermitteln wichtige Seelenzustände oft mit Hilfe von Bildern und Phantasien. Durch das Spiegeln hat Ihr Kind die Chance, seine Gefühle zu erkennen und zu lokalisieren. So kann es den Unterschied zwischen sich und anderen immer besser verstehen. Ohne einen einfühlenden Kontakt ist eine solche Offenheit nicht möglich. Deshalb ist es ganz wichtig, daß Sie die Gefühle Ihres Kindes nie als reine Übertreibung abtun.

Spiegeln entschärft den Machtkampf

Janet und Steve haben an einer Reihe von Workshops teilgenommen und uns davon berichtet, wie das Spiegeln die Beziehung zu ihrer Tochter veränderte. Die beiden waren engagierte Eltern, liebevoll und gewissenhaft. Doch sie hatten beide von ihrer jeweiligen Familie eine Erblast übernommen: Man hatte ihnen beigebracht, sie müßten sich permanent gut und glücklich fühlen. So beklagten sie sich denn auch herzlich wenig über Probleme in ihrer Familie, abgesehen von den häufigen Machtspielen mit ihrer vierjährigen Tochter Caroline. Drei- oder viermal pro Woche jammerte sie auf dem Heimweg von der Vorschule darüber, sie hätte einen «ekligen» Tag hinter sich. Janet und Steve ermunterten sie, sich auf die positiven Ereignisse des Schultages zu konzentrieren. Caroline widersetzte sich den Versuchen, ihre Gefühle zu verändern, und bestand darauf, es sei überhaupt nichts Gutes passiert. Dies war der Auslöser für den Machtkampf. Je mehr die Eltern in sie drangen, Dinge aufzuzählen, bei denen Caroline vielleicht Spaß gehabt haben könnte, je mehr sie versuchten, ihre Tochter wieder optimistisch zu stimmen, desto lauter beklagte sie sich.

Wir lehrten Janet und Steve das Spiegeln, und bei einem späteren Gespräch berichteten sie über die Fortschritte in ihrer Beziehung zu Caroline. Als Steve seine Tochter das nächste Mal abholte, führten sie folgende Unterhaltung:

Steve: Wie war es denn heute in der Schule, Caroline?

Caroline: Scheußlich. Ich hasse die Schule, und Jenny ist nicht mehr meine Freundin.

Steve: Klingt, als hättest du einen schlechten Tag gehabt. Was ist denn zwischen dir und Jenny passiert?

Caroline: Jenny wollte nicht zusammen mit mir essen. Sie hat mit Amy gespielt, und jetzt ist sie Amys Freundin, nicht mehr meine.

Steve: Da bist du sicher traurig und fühlst dich gekränkt. Kein Wunder, wenn du sagst, daß du die Schule haßt.

Caroline: Ja. Sie hat mich wirklich gekränkt.

Steve: Es tut weh, wenn man sich ausgeschlossen fühlt. Ist heute in der Schule sonst noch was passiert, was dir nicht gefallen hat?

Caroline: Ich hab einen Hund aus Ton gemacht und ihn zum Trocknen aufs Regal gestellt, aber Billy und Josh haben ihn runtergeschmissen, als sie sich geprügelt haben, und jetzt ist er kaputt.

Steve: Kein Wunder, daß dich das aufregt. Da sind heute ja sogar zwei schlimme Sachen passiert.

Caroline: Aber Monica, meine Lehrerin, hat mir geholfen, die Beine wieder anzukleben, und sie sagt, ich kann den Hund morgen anmalen.

Steve: Darauf freust du dich anscheinend.

Caroline: Ja, und wie. Ich will ihn gelb anmalen!

Früher wollte Steve seiner Tochter helfen, indem er sie wie gewöhnlich auf die positiveren Aspekte des Tages hinwies. Aber jetzt hielt er sich zurück und spiegelte statt dessen Carolines Gefühle. Er versuchte nicht, ihre Einschätzung des Tages in Frage zu stellen, und noch ehe das Gespräch zu Ende war, merkte Steve, daß seine Tochter, wenn er die negativen Gefühle einfach nur spiegelte, sehr schnell von selbst auf die positiven Gefühle zurückkam. Caroline, die sich nicht länger unter Druck gesetzt fühlte, den Erwartungen ihres Vaters entsprechen zu müssen, entwickelte zu vielen Dingen ganz schnell eine positive Einstellung. Nachdem sie sich akzeptiert fühlte, hatte sie keinen Grund mehr, ihre negativen Gefühle stur zu verteidigen, und der alte Machtkampf verlor seine Brisanz. Jetzt konnte Caroline ihre Freude mit ihrem Vater teilen.

Jedem Machtkampf liegt unser Wunsch zugrunde, daß unsere Gefühle von unserem Gegenüber erkannt und verstanden werden. Demzufolge geht es letztlich nicht um Argumente, sondern um das Bedürfnis, daß unser «Gegner» uns wahrnimmt, anhört, versteht und unsere Gefühle akzeptiert.

Wenn wir spiegeln, schaffen wir emotionalen Raum für unterschiedliche Meinungen, Gefühle und Wahrnehmungen. Wenn Kinder merken, daß man ihre Position und ihre Gefühle versteht, löst sich das Bedürfnis zu kämpfen in Luft auf, und die Lösung des Konflikts kann an die Stelle des Machtkampfs treten.

Außerdem ist es leicht für Sie, Ihr Kind psychisch und intellektuell zu übervorteilen, selbst wenn es bereits ein Teenager ist. Bei einem Machtkampf gibt es keinen Sieger; er entbrennt immer wieder von neuem, wenn es scheinbar auch um unterschiedliche Themen geht. Machtkämpfe zwischen Eltern und Teenagern sind sehr häufig, doch auch hier kann Spiegeln Wunder wirken.

Wie löst man Machtkämpfe mit Teenagern?

Joey und sein Vater Hank kamen auf Anraten von Joeys Highschool-Psychologen zu uns. Joey war ein intelligenter und lebhafter Sechzehnjähriger, der als Verteidiger im Basketballteam spielte. Er war beliebt, hatte eine Freundin und kam mit seinen Lehrern gut zurecht. Im allgemeinen waren seine schulischen Leistungen gut, nur in Mathematik hatte er Probleme. Dauernd vergaß er sein Mathebuch in der Schule, und wenn er seine Hausaufgaben doch einmal erledigen konnte, vergaß er das Buch meistens daheim.

Hank, dessen Vater hohe Erwartungen in ihn gesetzt hatte, war der Meinung, Joey müsse unbedingt in jedem Fach eine gute Note haben. Die Schwierigkeiten in Mathematik konnte er nicht akzeptieren, und deshalb hatte er folgende Anordnung erlassen: Solange es Joey nicht gelang, seine Leistungen auch in Mathematik zu verbessern, mußte er am Wochenende um elf Uhr abends zu Hause sein, statt wie bisher um ein Uhr morgens. Schluß mit langen Parties!

Daraufhin entspann sich jeden Freitag abend zwischen Vater und Sohn der gleiche Streit. Joey beschwerte sich darüber, daß sein Vater unfair sei. «Alle meine Freunde dürfen länger bleiben. Du behandelst mich wie ein Kind! Alle meine anderen Noten sind doch okay.»

Unglücklicherweise festigte die Argumentation von Joey nur den Entschluß seines Vaters. «Was die anderen machen, ist mir vollkommen gleichgültig. Du gehorchst gefälligst», antwortete Hank. «Bis deine Mathenote besser geworden ist, bist du um elf zu Hause. Und wenn du weiter rummeckerst, kannst du gleich hierbleiben!»

Joey war wütend, frustriert und fühlte sich hilflos. Gewöhnlich rief er, ehe er zur Tür hinausstürmte, noch: «Ich werde mich in Mathe überhaupt nicht verbessern! Ich hoffe, ich bleibe sitzen!»

Vater und Sohn befanden sich in einer Sackgasse. Die Maßnahme des Vaters hatte den Sohn keineswegs dazu bewogen, sich mehr anzustrengen. Im Gegenteil, er verteidigte seine schlechte Note in Mathematik mit dem Hinweis auf seine sonst guten Leistungen und fühlte sich von seinem Vater ungerecht behandelt.

Hank seinerseits verstand nicht, weshalb Joey in Mathematik solche Probleme hatte. Er hatte keine Ahnung, welche Unterstützung sein Sohn brauchen könnte. Er war unsicher, ob Joeys Widerstand einfach Trotz war, ein unproduktiver Versuch, seine Unabhängigkeit zu etablieren, oder ob es womöglich um etwas ganz anderes ging.

Für uns war klar, daß weder Joey noch sein Vater einander richtig zuhörten. An beiden Positionen war etwas Wahres, aber da sie beide nicht die Fähigkeit besaßen, sich gegenseitig zu spiegeln, fühlten sie sich beide unzureichend wahrgenommen und verstanden. Wir zeigten Joey und Hank, wie wichtig es ist, die Gefühle des anderen widerzuspiegeln, *ehe* man seine eigene Position verteidigt.

Wir machten ihnen beispielhaft klar, wie man spiegelt:

Tom: Joey, du klingst verletzt und wütend. Als hättest du das Gefühl, daß dein Vater total danebenhaut.

Joey: Ja, das stimmt. Er hört nie zu, es ist ihm egal.

Tom: Wenn er darauf beharrt, daß du früher heimkommst, hast du das Gefühl, du bist ihm egal.

Eileen: (zu Hank) Joey sagt, er hat das Gefühl, daß er Ihnen egal ist. Stimmt das?

Hank: Himmel, nein! Ich tu das ja nur, weil er mir nicht egal ist! Wissen Sie, wenn eine Note erst mal runtergeht, dann folgen die anderen bald nach, und dann sitzt er plötzlich im Schlamassel. Er kriegt kein Stipendium, und wir können unmöglich die ganzen Kosten für das College aufbringen.

Eileen: Sie drücken also mit Ihrem Verbot eigentlich aus, wie sehr Sie Joey lieben? Wie sehr Ihnen seine Zukunft am Herzen liegt?

Hank: Ja.

Tom: Joey, dein Vater sagt, du bist ihm alles andere als egal, und deshalb ist er so streng.

Joey: Das Gefühl gibt er mir aber nicht. Er setzt mich unter Druck. Unter Druck habe ich aber gleich gar keine Lust mehr, Mathe zu lernen. Es kommt mir dann vor, als ginge es ihm bloß um die Note und überhaupt nicht um mich.

Eileen: Joey sagt noch einmal, daß er sich unter Druck gesetzt fühlt, als wäre er Ihnen egal, nicht gut genug.

Hank: Natürlich ist er gut genug. Aber ich setze ihn wirklich unter Druck. Wie soll er sonst lernen, sich auch um die Sachen zu kümmern, die ihm nicht leichtfallen?

Joey: Aber das macht es doch nur schlimmer! Du glaubst vielleicht, du hilfst mir, aber das stimmt nicht!

Hank: Ich weiß nicht, was ich sonst tun soll.

Tom: Sie hören sich frustriert und hilflos an, Hank, als wüßten Sie nicht, wie Sie Ihrem Jungen helfen können. Haben Sie Joey schon mal gefragt, warum ihm Mathe so schwerfällt?

Hank senkte den Kopf und gestand, daß er seinen Sohn noch nie danach gefragt hatte.

Hank: Ich dachte, er wollte bloß gegen unsere Abmachung rebellieren oder sich keine Mühe geben. Ich hatte das Gefühl, ich dürfte nicht nachgeben. Ich glaube, es ist wichtig, daß Teenager Regeln bekommen und die Eltern keine Wischi-waschi-Haltung einnehmen.

Eileen: Sie wollen also helfen, indem Sie hart bleiben und nicht nachgeben?

Hank: Richtig.

Tom: Tja, dann fragen wir doch Joey mal, wie es im Mathematikunterricht zugeht. Warum hast du deiner Meinung nach Probleme, Joey?

Joey: Ich finde den Stoff oft so abgehoben, und dann hab ich das Gefühl, ich wäre blöd. In den anderen Fächern bin ich ja ziemlich fit, deshalb kümmere ich mich um Mathe möglichst wenig. Ich fühle mich nicht gern dumm.

Wir wiesen Joey und Hank darauf hin, daß wir dank des Spiegelns eine Menge zusätzliche Informationen gewonnen hatten. Hank hatte erfahren, daß sein Sohn sich aus dem Mathematikunterricht möglichst weit heraushielt, weil er Schwierigkeiten hatte, den Stoff zu begreifen, und er sich deshalb schlecht fühlte. Joey hatte erfahren, daß sein Vater ihm helfen und ihn durchaus nicht im Stich lassen wollte. Wir ermunterten Vater und Sohn, den Dialog fortzusetzen und sich weiterhin gegenseitig zu spiegeln.

Hank: Das wirkliche Problem ist also, daß du dich schlecht fühlst, weil dir Mathe solche Schwierigkeiten macht?

Joey: Genau. Und du machst dir Sorgen um mich, daß ich vielleicht kein Stipendium kriege, wenn meine Mathenoten nicht besser werden.

Hank: Ja. Es macht mich nervös, weil das, was du in Mathematik lernst, ganz anders ist als das, was ich in der Schule hatte, und ich dir deshalb nicht helfen kann. Ich hasse das Gefühl, daß ich dir nicht helfen kann. Da habe ich das Gefühl, *ich* bin dumm. Aber realistisch gesehen bin ich gar nicht der Richtige, um dir zu helfen. Kannst du vielleicht einen Tutor suchen oder den Lehrer bitten, daß er dir nach der Stunde ein wenig auf die Sprünge hilft?

Joey: Ein paar ältere Schüler arbeiten in der Mittagspause als Tutoren. Vermutlich könnte ich einen von denen mal ansprechen. Aber was ist mit dem Nachhausekommen?

Hank: Wenn ich sehe, daß du etwas Positives tust, um dir selbst zu helfen, bin ich bereit, den frühen Termin als Druckmittel zu vergessen. Ich würde sagen, wenn du dir einen Tutor suchst und ein bißchen zusätzliche Zeit in Mathe steckst, dann gehen wir zurück zu unserer alten Regelung, und du brauchst am Wochenende erst um eins zu Hause zu sein.

Mit Hilfe des Spiegelns entdeckten Joey und sein Vater das wirkliche Problem und fanden realistische Lösungsmöglichkeiten. Joey sah sich in seinen Gefühlen unterstützt und nicht nur hinsichtlich seiner Leistung kritisiert, Hank spürte, daß seine Sorgen anerkannt wurden. So veränderte sich die Spiegelverletzung, die Hanks Erblast von seinem eigenen Vater war. Jetzt unterstützte Hank seinen Sohn bei einem Lernprozeß, statt einfach nur gute Leistungen von ihm zu erwarten. Joeys Gefühl, mißverstanden zu werden, hatte einen Keil zwischen Vater und Sohn getrieben, doch durch das Spiegeln waren sie sich wieder nähergekommen und hatten ihre Bindung zueinander verstärkt.

Die Pubertät ist eine schwierige Zeit. Ein Teenager durchlebt Tag für Tag eine breite Palette von Gefühlen und Stimmungen. Der Versuch, das jugendliche Gefühlsleben zu verstehen, kann sehr frustrierend sein, denn im einen Moment will ein Teenager umsorgt werden und im nächsten braucht er Distanz und möchte wie ein Erwachsener behandelt werden. Denken Sie immer daran, daß Ihr Kind in diesem Alter dabei ist, seine eigene Identität aufzubauen, getrennt von allen anderen. Spiegeln unterstützt das Gefühl, akzeptiert zu werden, ganz egal, um welches Gefühl es in einem bestimmten Moment geht. Spiegeln gibt Ihrem Teenager außerdem die Freiheit, zwischen Nähe und Selbständigkeit nach Gutdünken zu wechseln.

Wie gut können Sie spiegeln?

Um einzuschätzen, wie gut Sie spiegeln können, beantworten Sie bitte folgende Fragen:

1. Erkenne und reflektiere ich die Emotionen meiner Kinder, selbst wenn mir diese Emotionen unangenehm sind?
2. Unterbreche, frustriere, ignoriere oder leugne ich die Gefühle meiner Kinder?

3. Erlaube ich meiner eigenen emotionalen Erblast, das Selbstbild meiner Kinder zu verschleiern?
4. Kann ich zu meinen eigenen Gefühlen stehen?
5. Versuche ich, meine Kinder von Gefühlen, die mir unangenehm sind, abzulenken, oder bestrafe ich sie gar, wenn sie wütend sind?
6. Neige ich dazu, übersteigert oder ungenügend zu spiegeln?
7. Neige ich dazu, verzerrt oder kritisch zu spiegeln?

Jede neue Fähigkeit braucht Zeit, um eingeübt und trainiert zu werden. Zunächst fühlt sich das Spiegeln vielleicht allzu mechanisch an. Doch es besteht ein Unterschied, ob man die Worte seines Kindes wie ein Papagei wiederholt oder ob man sich die Zeit nimmt, sich emotional in sein Kind hineinzuversetzen und die Worte zu suchen, die Ihre eigenen Erfahrungen mit diesem Gefühl beschreiben. Wenn Sie nur mechanisch spiegeln, spüren Ihre Kinder sofort, daß Sie mit leeren Worten emotionales Verständnis heucheln, statt authentisches Mitfühlen zu zeigen. Wenn das Spiegeln jedoch von Herzen kommt und nicht vom Verstand gelenkt wird, werden auch Sie den Unterschied spüren. Und Ihre Kinder natürlich auch.

KAPITEL 7

Trennung

Im Lauf des Trennungsprozesses lernt das Kind die Bedingungen wirklicher Liebe und erwirbt das Gefühl für seine Einmaligkeit.
LOUISE KAPLAN, Oneness and Seperateness

Der Elternprozeß
Regel 3: Vergessen Sie nie, daß Ihr Kind ein von Ihnen getrenntes Wesen ist, mit eigenen Gedanken und Gefühlen.

Don, Mitglied in einer von Toms Männergruppen, ist ein aktiver, sportlicher Mann. Sein eigener Vater war als Vertreter oft auf Reisen und kümmerte sich wenig um seine Kinder. Bei der Geburt von Dons Sohn Anthony schwor sich Don, seine Erblast abzuschütteln. Als Anthony in die Junior High School kam, bestand Don darauf, mit ihm Football zu spielen, und betonte voller Stolz, daß er keins von Anthonys Spielen je verpaßte.

Eines Tages, im ersten Jahr der Junior High School, kam Anthony zu Don und sagte: «Dad, ich will nächsten Herbst mit Football aufhören. Ich möchte gern bei der Theatergruppe mitmachen.» Zuerst war Don sehr enttäuscht. «Du willst deinen Platz im Team aufgeben, um bei einem Theaterstück dabeizusein?»

«Du weißt, daß mir Football Spaß gemacht hat», antwortete Anthony, «aber ich wollte schon immer Theater spielen, und jetzt habe ich endlich die Gelegenheit.» Für Don war Football immer eine Aktivität gewesen, die ihn mit seinem Sohn verbunden hatte. Aber ihm war klar, daß seine Reaktion von der Enttäuschung beeinflußt war, die er selbst als Kind empfunden hatte, weil sein Vater sich nie für seine Aktivitäten interessiert hatte. Demzufolge war ihm auch klar, daß seine Enttäuschung nichts mit den wahren Interessen seines Sohnes zu tun hatte.

«Ich werde es vermissen, dir beim Football zu helfen», meinte Don, «aber ich möchte wirklich, daß du deinen eigenen Interessen nachgehst.» Anthony war erleichtert, daß sein Vater ihn unterstützte. Er spürte, daß Don voll und ganz auf seiner Seite stand. «Weißt du, Dad», sagte er, «ich brauche Hilfe, wenn ich meinen Text fürs Vorsprechen lerne. Würdest du mich abhören?»

Weil Don den wirklichen Ursprung seiner Enttäuschung erkannte, zwang er seinen Sohn nicht, weiter Football zu spielen, um die Nähe zu ersetzen, die er bei seinem eigenen Vater vermißt hatte. Indem Don sich seine Erblast bewußt machte, konnte er die emotionale Eigenständigkeit seines Sohnes aufrechterhalten, was wiederum für mehr authentische Nähe zwischen den beiden sorgte. Don handelte nach der dritten Regel des Elternprozesses: Er vergaß nicht, daß sein Sohn ein von ihm getrenntes Wesen war, mit eigenen Gedanken und Gefühlen. Paradoxerweise kann sich Nähe eher entwickeln, wenn die Eltern die Eigenständigkeit ihrer Kinder anerkennen.

Was ist Trennung?

Wenn ein Baby geboren wird, ist seine erste Erfahrung auf dieser Welt die einer Trennung. Sobald die Nabelschnur durchschnitten ist, beginnt Ihr Kind seine eigene, einmalige Reise durchs Leben. Psychologisch gesehen ist Trennung der Prozeß, in dessen Verlauf Ihr Kind sich emotional von Ihnen abgrenzt. Um dies zu erreichen, braucht es Ihr Verständnis, Ihre Unterstützung und Ihre Bestätigung, daß es unabhängig und autonom ist.

Trennung bedeutet, daß alle Beteiligten einer Beziehung klar definierte Grenzen haben. Sie und Ihr Kind machen eigene, voneinander getrennte emotionale Erfahrungen, jeder von Ihnen darf seine eigenen Gedanken und Gefühle entwickeln. In der Beziehung besteht Raum für emotionale Unterschiede.

Vielleicht fürchten Sie emotionale Trennung, weil Sie sich vorstellen,

- daß Sie den Bezug zu Ihrem Kind verlieren;
- daß der Kontakt abbricht;
- daß Sie allein oder einsam sein werden;
- daß Ihr Kind immer seinen Willen bekommt;
- daß Sie Ihr Kind verfrüht aus dem Nest werfen, wenn es noch nicht auf eigenen Füßen stehen kann.

Genaugenommen hat nichts davon mit Trennung zu tun. Im Gegenteil, wir werden zeigen, daß Trennung für eine enge Beziehung zu Ihrem Kind unabdingbar ist. Eine gesunde und authentische Trennung ist der dritte und letzte Schritt im Elternprozeß.

Wenn es Ihnen gelingt, Regel 3 des Elternprozesses umzusetzen, können Sie Ihrem Kind helfen, ein stabiles Selbstwertgefühl aufzubauen, und es vor Ihren eigenen ungelösten emotionalen Erblasten, schützen. Trennung ist genau wie Bindung und Spiegeln ein ständig wiederkehrendes Entwicklungsthema.

Warum Trennung und Grenzen wichtig sind

Jedes Familienmitglied ist ein lebendiges System – ein Set ineinandergreifender Einheiten –, in dem Materie, Energie und Information verarbeitet werden. Eine Grenze umreißt und definiert das System, so daß es trotz einer ständig im Wandel befindlichen Umgebung eine innere Ordnung entwickeln kann.

Wenn Ihr Kind ein Gespür für seine psychischen oder emotionalen Grenzen hat, kann es sich als ein von allen anderen getrenntes Wesen begreifen. Es kann ein Gleichgewicht herstellen zwischen seiner Sehnsucht nach Intimität und Nähe und seinem Streben nach Eigenständigkeit und Autonomie. Wenn die Grenzen eines Kindes gewahrt werden, kann es Liebe, Unterstützung und Zuneigung annehmen. Grenzen verstärken sein Bewußtsein für die eigene Identität innerhalb der Familie, so daß es seinen eigenen Wert spürt, selbst wenn es mit Wut oder Fragmentierung konfrontiert wird. Wenn es keine authentischen, klar definierten Grenzen gibt, entsteht entweder eine verstrickte, erdrückende oder eine kalte distanzierte Beziehung zwischen uns und unseren Kindern – oder aber wir schwanken ständig zwischen den beiden Extremen hin und her.

Auch für Eltern sind Grenzen wichtig: Wenn unsere Kinder aufgebracht sind oder uns kritisieren, müssen wir unsere Grenzen schützen, um uns als Eltern adäquat zu fühlen. Halten wir unsere emotionalen Grenzen aufrecht, können wir uns die Kritik unserer Kinder anhören, sie durchdenken und angemessen darauf eingehen.

Beispielsweise sagte Josie ihrem achtjährigen Sohn Blake, er dürfe erst Nintendo spielen, wenn er seine Spielsachen aufgeräumt habe. Blake war furchtbar wütend. «Du bist die gemeinste Mama der Welt!» schrie er seine Mutter an.

Aber Josie stand zu ihren Grenzen: Sie wußte, daß ihre Forderung vernünftig war, sie nahm Blakes Wut nicht persönlich, indem sie sich ärgerte und verteidigte, sondern spiegelte seine Wut, indem sie sagte: «Hoppla, das macht dich ja echt wütend.»

Außerdem können wir mit klar definierten Grenzen unsere emotionalen Erblasten weit besser wahrnehmen. Wir sind eher in der Lage, die alten Wunden und Sehnsüchte zu erkennen und zu verhindern, daß wir sie an unsere Kinder weitergeben.

Zuallererst nehmen wir unsere Grenzen körperlich wahr. Weil wir Gefühle in unserem Innern spüren, ist unsere emotionale

Grenze körperlich erfahrbar. Grenzen sind eine Art emotionale Haut. Genaugenommen funktioniert unsere richtige Haut nach demselben Prinzip. Erstens definiert die Haut jeden von uns als getrenntes Individuum. Zweitens ist die Haut durchlässig und erlaubt einen ständigen Austausch von Sauerstoff, Wasser und Energie mit unserer Umgebung. Diese beiden Eigenschaften – Trennung und Kontakt – brauchen wir für unsere Psyche. Unsere wirkliche Haut und unsere emotionale Haut unterscheiden sich jedoch dadurch, daß wir erstere anfassen können, letztere aber nur für das jeweilige Individuum spürbar und für die Außenwelt unsichtbar ist.

Unsere Aufgabe besteht darin, unseren Kindern zu helfen, ihre Gefühle zu erkennen. Wenn Ihr Kind seine individuellen emotionalen Erfahrungen ausdrückt, wenn es mitteilt, wie es denkt und fühlt, was es braucht oder will, so setzt es Grenzen. Wenn Sie zulassen, daß Ihr Kind seine authentische Erfahrung direkt ausdrückt, kann es dadurch seine Stellung in der Familie bestimmen. Mit angemessenen Grenzen kann sich in der Beziehung zu Ihren Kindern Wärme, Vertrauen und Unterstützung entwickeln.

Wie man angemessene Grenzen zieht

Damit eine authentische Trennung und Grenzziehung erfolgen kann, müssen Sie daran denken, möglichst alle drei Elternregeln in die Tat umzusetzen:

- die Bindung schützen
- die Gefühle Ihres Kindes spiegeln
- die einmalige Erfahrung Ihres Kindes respektieren

Trennung ist ein lebenslanger Prozeß. Sie ist sowohl ein gedankliches Konzept als auch Teil der Beziehung zu Ihren Kindern. Es ist nützlich, dabei nicht nur im Auge zu behalten, daß Ihr Kind ein von Ihnen getrenntes Wesen ist, sondern auch Ihre Gedanken und Gefühle in Form von «Ich-Sätzen» auszudrücken.

«Ich»-Sätze

Solche Sätze enthalten das Wort «ich» anstelle von «du» oder gar «man». Wenn wir «ich» sagen, um unseren Kindern unsere eigenen Gedanken und Gefühle zu vermitteln, machen wir klar, daß es um *unsere* emotionale Erfahrung geht, nicht um die des Kindes. Sagen Sie beispielsweise: «Du kleiner Faulpelz, räum endlich dein Zimmer auf», so ist das eine Kritik an Ihrem Kind und ruft höchstwahrscheinlich eine Abwehrreaktion hervor. Es ist eine Beschreibung des Verhaltens, das Ihr Kind an den Tag legt, beziehungsweise die Reaktion des Elternteils auf dieses Verhalten. Die Verwendung eines Ich-Satzes, wie zum Beispiel: «Ich mag es nicht, wenn deine Klamotten überall auf dem Boden rumliegen, und möchte, daß du sie aufhebst», verletzt nicht das Selbstwertgefühl des Kindes. Ich-Sätze sorgen für nicht-urteilende Interaktionen, in denen es Freiraum für widersprüchliche Gefühle oder Meinungen gibt und die auf gegenseitigem Respekt beruhen. Ich-Sätze sind ein Vorbild für Eigenständigkeit. Statt dem Kind zu sagen, wer es ist und wie es sich fühlen soll, ermöglichen sie einen Austausch emotionaler Informationen.

Walter, Angestellter einer großen Firma, nahm auf Anregung seiner Frau an einem unserer Workshops teil, denn diese war der Ansicht, er kommandiere ihre gemeinsamen Töchter herum und behandle sie eher wie Untergebene als wie seine eigenen Kinder. Nun nahm er sich vor, mit Ich-Sätzen seine Sache besser zu machen.

Bei unserer Diskussion über Trennung berichtete Walter von einer wichtigen Erkenntnis. «Ich habe mir den Kopf darüber zerbrochen, ob ich für meine Tochter Carrie eine neue Tennistrainerin suchen soll. Sogar eine Liste mit Pro und Kontra habe ich angefertigt, von jedem Bekannten Ratschläge eingeholt. Carrie ist sehr begabt, deshalb möchte ich, daß sie die bestmögliche Anleitung bekommt. Aber gerade ist mir eingefallen, daß ich nie mit ihr selbst darüber gesprochen habe. Ich habe das Thema nur für mich diskutiert und keine Ahnung, wie sie darüber denkt.»

Am nächsten Tag kam Walter in den Workshop und erzählte von den Auswirkungen seiner Erkenntnis. «Ich habe gestern abend mit Carrie gesprochen», erklärte er. «Statt ihr zu sagen, *sie* brauche eine bessere Trainerin, habe ich ihr gesagt, *ich* hätte mich gefragt, ob sie ihre jetzige Trainerin eigentlich noch gut findet. Ich wollte ihre Meinung hören. Carrie meinte: ‹Weißt du, Dad, das ist komisch, ich habe nämlich auch schon darüber nachgedacht. Ich bin echt froh, daß du das Thema angesprochen hast. Ich mag meine Trainerin, und ich glaube, sie kann mir noch einiges beibringen, aber ich möchte diesen Sommer gern in ein Trainingslager, um auch mal etwas anderes mitzubekommen.›»

Walter war sehr erleichtert. Er hatte einen Machtkampf vermieden und seine Tochter nicht wie eine Untergebene behandelt, über deren Kopf hinweg er Entscheidungen treffen konnte. Indem er Ich-Sätze verwendete, konnte er Carrie als eigenständige Person mit eigenen Grenzen und Bedürfnissen sehen. Walters neu gewonnenes Bewußtsein vergrößerte die Chance auf Nähe zwischen ihm und seiner Tochter.

Manchmal ist es Eltern bewußt, daß sie Probleme beim Thema Trennung haben, aber es fällt ihnen trotzdem schwer, aus den eingefahrenen Mustern auszubrechen. Wir empfehlen die folgenden Schritte, um den Umgang mit Grenzverletzungen zu lernen.

1. Überprüfen Sie Ihre Interaktion mit Ihrem Kind anhand von Regel 3. Lassen Sie zu, daß Ihr Kind Gedanken und Gefühle hat, die nichts mit Ihren eigenen zu tun haben?
2. Spiegeln Sie die eigenständigen Gedanken und Gefühle Ihres Kindes.
3. Verwenden Sie Ich-Sätze, wenn Sie über Ihre Gedanken und Gefühle sprechen.

Wenn Grenzen zu vage sind

Sind elterliche Grenzen nicht klar definiert, besteht das Risiko, daß Sie sich zu sehr mit Ihrem Kind identifizieren. Vielleicht haben Sie Schwierigkeiten, zwischen Ihren Gefühlen und denen Ihres Kindes zu unterscheiden. Wenn eine Mutter mit ungenügend ausgebildeten Grenzen friert und Hunger hat, nimmt sie möglicherweise an, daß es ihrem Kind ebenso geht.

Umgekehrt können die Kinder nicht unterscheiden, wo ihr Selbst beginnt oder endet, wenn ihre Grenzen nicht eindeutig definiert sind. Möglicherweise treten Schwierigkeiten auf, einen inneren Bezugspunkt zu finden, weil sie kein Gespür dafür entwikkelt haben, daß sie die Quelle ihres eigenen Tuns sind. Wenn Grenzen undefiniert bleiben, verlieren Kinder das Zentrum ihrer Initiative und ihres Wohlbefindens. Beispielsweise wäre es denkbar, daß das Kind, dessen Mutter annimmt, daß es friert und Hunger hat, den angebotenen Pullover überzieht und etwas ißt, obwohl es weder friert noch Hunger hat. Und weil es nie Übung darin bekommt, hat es schließlich Schwierigkeiten, die eigenen Bedürfnisse zu erkennen.

Wenn die Grenzen vage sind, fühlen sich Kinder oft dazu gezwungen, zwischen der Beziehung zu den Eltern und ihrer eigenen authentischen Erfahrung zu wählen. Meistens entscheiden sie sich aufgrund ihrer körperlichen und emotionalen Abhängigkeit für den Erhalt der Beziehung, aber wenn ein Kind aus Folgsamkeit seine Gefühle unterdrückt, werden diese vernachlässigt und bleiben ungelöst. Ohne feste Grenzen lernen Kinder nicht, wie sie sich selbst und ihre Beziehungen unter einen Hut bringen können.

Kaye, eine Mutter, mit der wir arbeiteten, wäre gern Schauspielerin geworden. Sie kam zusammen mit ihrer Tochter Lilly in unsere Praxis. Ihrer Familie zuliebe hatte Kaye ihre Karriere aufgegeben, und nun wünschte sie sich, daß Lilly das Leben haben sollte, das ihr selbst verwehrt geblieben war. Kaye hatte ihre Grenzen gegenüber ihrer Tochter vergessen und hatte die Unterschiede zwischen ihnen aus den Augen verloren. Schon von klein auf hatte Lilly Schauspielkurse besucht und an Schönheitswettbewerben teilgenommen. Kaye ließ sie sogar für Werbespots im Fernsehen vorsprechen.

Schon als kleines Mädchen lernte Lilly, ihrer Mutter zu gefallen, indem sie sich der Schauspielerei widmete, und entwickelte nie andere Interessen als die, die ihre Mutter sich von ihr wünschte. Auf diese Art versuchte sie, ihrer Mutter nahe zu sein. Auch in den Beziehungen zu ihren Teenager-Freundinnen tat Lilly alles, um den anderen zu gefallen. Da zwischen Lilly und ihrer Mutter keine Trennung stattgefunden hatte, lernte sie nie, anderen ihre authentischen Bedürfnisse zu vermitteln. Ganz gleich, wie groß ihr Freundeskreis war, sie war nie zufrieden. Ihre Sehnsucht nach Nähe blieb unerfüllt, denn ihr fehlte das eigenständige Selbstgefühl, ohne das keine wirkliche Intimität möglich ist.

Wir unterstützten Kaye und Lilly dabei, sich der Grenzen und Unterschiede zwischen ihnen bewußt zu werden; nach und nach fühlten sich Mutter und Tochter frei, eigene, getrennte Interessen zu entwickeln. Kaye hatte den emotionalen Freiraum, über ihre verlorene Karriere zu trauern. Lilly begann zu fühlen, daß ihr Leben ihr selbst gehörte und daß sie ihrer Mutter nicht um jeden Preis gefallen mußte.

Wenn Grenzen zu rigide sind

Wenn die Grenzen der Eltern rigide und unflexibel sind, fehlt dem Kind möglicherweise der emotionale Kontakt, den es braucht, um sich aufgehoben und geborgen zu fühlen. Außerdem werden Kinder, deren Eltern zu feste Grenzen ziehen, zu schnell erwachsen und bekommen eine Verantwortung aufgebürdet, die ihrem Alter nicht entspricht. Die emotionale Trennung tritt zu früh ein, die Kinder sind überfordert und werden in erwachsene Rollen gedrängt, während sie ihrem Entwicklungsstand zufolge noch kindliche Abhängigkeitsbedürfnisse besitzen. Ein Vater mit rigiden Grenzen erwartet beispielsweise von seinem dreijährigen Sohn, daß dieser sich selbst sein Frühstück macht, und wenn das Kind sich darüber beklagt, meint er nur: «Du mußt eben lernen, dich wie ein großer Junge zu benehmen.»

Erwachsene, die zu schnell groß geworden sind, haben das Gefühl, ihre Kindheit verpaßt zu haben. Sie durften nie Kinder sein, sondern mußten immer stark, hart und kompetent sein und sich in schwierigen Situationen behaupten. Für solche Menschen ist es nicht einfach, Bedürftigkeit und Verletzlichkeit zu zeigen. Außerdem fällt es ihnen schwer, solche Gefühle bei anderen zu tolerieren, auch bei ihren eigenen Kindern. Als Eltern werden sie rasch frustriert und verärgert, wenn sie sich mit den entwicklungsbedingten Beschränkungen ihrer Kinder auseinandersetzen müssen.

Vertrautheit und Nähe muß die Fähigkeit einschließen, den anderen auch die Teile des eigenen Selbst sehen zu lassen, die unorganisiert, inkompetent und schwach sind. Wenn Sie von Ihrem Kind verlangen, ein kleiner Erwachsener zu sein, wird es Ihrer Beziehung notgedrungen an Wärme, Mitgefühl und Verständnis mangeln. Das Kind wird die Beziehung als distanziert erleben, selbst wenn sie durchaus liebevoll ist. Kinder, deren Eltern unverrückbare oder unnachgiebige Grenzen haben, wachsen ohne Vorbild für Nähe auf, die Wärme und Zärtlichkeit einschließt. Im Erwachsenenleben haben solche Kinder oft Schwierigkeiten, Intimität zu schaffen.

Brenda und Jake, zwei erfolgreiche Anwälte, kamen in unseren Workshop, weil sie glaubten, man könne «gar nicht kompetent genug sein». Sie waren stolz auf ihren fünfjährigen Sohn Alan. «Alan ist so ein erwachsener kleiner Mensch, daß er uns die meiste Zeit kaum zu brauchen scheint», erklärte Jake. «Aber manchmal kommt er von der Schule heim und macht ein Theater, als wäre er ein Baby. Wir verstehen überhaupt nicht, was da los ist, und sind unsicher, ob wir uns Sorgen machen müssen.»

Wir baten die Eltern, einen typischen Vorfall mit Alan zu beschreiben. «Gestern habe ich Alan um fünf nach der Mittagsbetreuung abgeholt», berichtete Brenda. «Ich habe ihm gesagt, er solle seine Sachen wegbringen und den Tisch decken, was seine übliche Aufgabe ist. Als er zu jammern anfing, erinnerte ich ihn daran, daß große Jungs nicht rumjammern, aber er regte sich nur noch mehr auf, bis ich ihn in sein Zimmer schickte. Da bekam er einen Wutanfall und hat die ganzen Bilder zerrissen, die er gestern in der Schule gemalt hatte.»

Wir erklärten Brenda und Jack, daß Alan mit seinen fünf Jahren immer noch ein kleiner Junge war. Es war ganz normal für ihn, daß es ihm schwerfiel, so kurz vor dem Abendessen verantwortungsvolle Aufgaben zu erledigen, vor allem nach einem anstrengenden Tag in der Schule. Ihre Erwartungen an ihren Sohn waren unrealistisch hoch. Wir stellten die Vermutung auf, daß sie die Trennung von ihrem Sohn zu strikt vollzogen hatten. Wenn Alan von der Schule heimkam, brauchte er Zuneigung und Wärme, nicht noch mehr Anweisungen. Für Brenda und Jake bedeutete Regel 3, daß sie sich auf Alans eigenständige fünfjährige Erfahrung einstellten und ihm nicht ihre erwachsenen Erwartungen aufzwangen.

Da Brenda und Jake bereit waren zu lernen, sich emotional mehr zu engagieren, milderte sich die strikte und starre Grenze zwischen ihnen und ihrem Sohn. Sie lebten immer mehr nach Regel 3, und nun erfuhr Alan seine Eltern als Vorbilder, wie man eine enge, herzliche Beziehung führt.

Wenn Grenzen abwechselnd vage und rigide sind

Die Grenzen der meisten Eltern sind nicht statisch, sondern das eine Mal eher zu vage und das nächste Mal eher zu strikt. Demzufolge bekommen ihre Kinder mal zuviel und mal zuwenig Engagement zu spüren. Manchmal erwarten Eltern, daß ihre Kinder quasi eine Verlängerung ihrer selbst sind und genau das gleiche denken und fühlen, dann wieder sind sie distanziert und hart, weil sie sie lehren wollen, was es bedeutet, erwachsen zu werden.

Kinder reagieren auf diese Grenzverwirrung entweder mit Fügsamkeit oder mit Rebellion, oder sie kombinieren beides und werden passiv-aggressiv: Fügsame Kinder werden häufig brave Jungen und Mädchen, wie wir sie in Kapitel 2 beschrieben haben. Brave Kinder tun, was man ihnen sagt, um die Bindung zu ihren Eltern nicht zu gefährden. Sie haben kein verinnerlichtes Selbstwertgefühl, weil sie die Trennung als emotional bedrohlich für die Bindung erleben. Die Eltern vermitteln die Botschaft: «Unterscheide dich nicht von mir.» Daher haben brave Kinder häufig Angst, emotional im Stich gelassen zu werden.

Joni, eine Mutter in einem unserer Workshops, hatte Angst, ihre achtjährige Tochter Kate bei Freunden übernachten zu lassen. Da Kate fügsam war, bat sie ihre Mutter nicht, bei jemand anderem übernachten zu dürfen, obwohl sie es sich wünschte. Kate hatte Angst, ihrer Mutter ihre eigenen Gefühle mitzuteilen, denn sie wichen von denen der Mutter ab.

Aufsässige Kinder beziehen Opposition zu ihren Eltern, um wenigstens einen kleinen Teil eines eigenständigen Selbst zu bewahren. Solche Kinder haben Anfälle von Trotz, Wut und Widerborstigkeit. Wenn man ihnen sagt: «Komm, wir gehen», wollen sie bleiben. Wenn man sagt: «Zieh bitte deine Schuhe an», wollen sie barfuß laufen. Das Ergebnis ist ein unendlicher Kreislauf von Machtkämpfen. Rebellische Kinder fühlen sich in die Ecke gedrängt und kämpfen darum, ihre Identität zu etablieren. Doch wenn ein Kind dieses Verhaltensmuster aufweist, ist seine Identität nicht authentisch, sondern lediglich aus Opposition entstanden. Das Kind fühlt sich nur, wenn es reagieren kann; ansonsten hat es keine Ahnung von seinen Gefühlen. Beispielsweise weigerte sich Todd strikt, den Anweisungen seines Lehrers zu folgen, und wurde des öfteren zum Direktor geschickt. Er hatte gelernt, sich gegen Autorität aufzulehnen, weil seine Eltern ihm nicht genügend Raum für seine eigenen Gefühle zugestanden, sondern ihm ständig sagten, was er tun und wie er sich fühlen sollte – also fühlte und tat er einfach immer das Gegenteil.

Manchmal übernehmen Kinder auch die wechselnden Grenzen

ihrer Eltern und legen ein passiv-aggressives Verhalten an den Tag. Solche Kinder schwanken zwischen Anpassung und Auflehnung. Sie wirken wie brave Mädchen oder brave Jungen und beugen sich den Anforderungen ihrer Eltern, aber sie versprechen viel, was sie nie halten. Passiv-aggressive Kinder scheinen sich zu fügen, aber in Wirklichkeit rebellieren sie. Es ist, als wollten sie sagen: «Ich kenne zwar meine eigenen Bedürfnisse nicht, aber ich werde ganz bestimmt nicht das tun, was du willst!» Eileen erkennt diese Reaktion in ihrem Verhalten ihrem Vater gegenüber. Wenn sie früher das Haus verließ, schrie ihr Vater ihr jedes Mal nach: «Zieh deine Jacke an!» Zwar schlüpfte Eileen dann tatsächlich in ihre Jacke, aber sobald sie um die Ecke gebogen war, zog sie sie wieder aus. «Ich friere lieber, als daß ich tue, was er sagt!» dachte sie. Als junges Mädchen achtete Eileen mehr darauf, wie sie den Befehlen ihres Vaters zuwiderhandeln konnte, als darauf, wann sie sich selbst wohl fühlte.

Wie man die Weitergabe von Grenzproblemen unterbindet

Auch Grenzprobleme werden von einer Generation zur nächsten weitergereicht, denn Grenzen sind ein fundamentaler Aspekt des Selbstwertgefühls. Sie legen fest, wie wir unsere Beziehungen gestalten. Ein Mensch mit klaren Grenzen kann anderen nah sein, ohne dabei sein Gefühl für die eigene Unabhängigkeit aufzugeben. Es ist unvermeidlich, daß die Erfahrungen, die wir mit unseren Eltern in bezug auf Grenzen gemacht haben, im Umgang mit unseren Kindern wieder aufleben, denn wir sind emotional, psychisch und biologisch eng mit ihnen verbunden.

Wenn wir unsere Familiengeschichte betrachten, ist es wichtig zu erkennen, wie unsere Eltern Grenzen gesetzt haben. Durch den Fragebogen, die Beschäftigung mit der Fragmentierung und mit Hilfe des Elterntagebuchs (siehe Kapitel 3) können Sie sich mit Ihrer eigenen Erblast vertraut machen. Wenn Sie Ihre Art,

Grenzen zu setzen, erforschen, tun Sie das, indem Sie Ihre Interaktionen mit Ihren Kindern anhand von Regel 3 überprüfen, die Gedanken und Gefühle Ihrer Kinder spiegeln und Ich-Sätze verwenden. Das alles hilft, das Erbe zu unterbrechen.

Außerdem können Sie beobachten, ob Ihnen bei Ihren Kindern das Bedürfnis nach Nähe oder das Bedürfnis nach Unabhängigkeit unangenehm ist – oder beides. So können Sie Ihre spezielle Grenzproblematik kennenlernen.

Mit Hilfe von Regel 3 wird es möglich, eine seit Generationen bestehende Kette von Grenzproblemen zu durchbrechen. Wenn Sie die Regel für die Trennung verstehen und beherzigen, können Sie für Ihre Kinder Grenzen ziehen und diese respektieren. Dann fühlen sich Ihre Kinder sowohl unabhängig als auch verbunden und geborgen in ihren Beziehungen.

Trennung und Geschlechterrollenentwicklung

Wenn sich Kinder mit dem Thema Trennung auseinandersetzen, identifizieren sie sich nicht nur als eigenständige und einmalige Wesen, sondern lernen auch, daß sie einem bestimmten Geschlecht angehören. Kleine Jungen und kleine Mädchen erleben den Trennungsprozeß sehr unterschiedlich, und diese Unterschiede beeinflussen die spätere Entwicklung des Kindes.

Wenn Mütter allein als wichtigste Bezugspersonen fungieren, so werden sie die Hauptadressaten der frühesten und tiefsten Freuden ihres Kindes, aber ebenso auch der frühesten Frustrationen und der frühesten Wut. Wie Dorothy Dinnerstein, Autorin von *The Mermaid and the Minotaur*, erklärt: «Für das Mädchen wie für den Jungen ist es eine Frau, die als erstes im Zentrum körperlichen Wohlbehagens und Geborgenheit steht und mit der sie auch die Freude an sozialer Interaktion entdecken. Die ursprüngliche Erfahrung, von einer größtenteils unkontrollierbaren äußerlichen

Quelle des Guten abhängig zu sein, kreist immer um eine Frau, und das gilt ebenso für die frühesten Erlebnisse von Verletzlichkeit, Enttäuschung und Schmerz.»

Für das Kind in seiner Entwicklung sind die Sehnsucht, mit der Mutter zu verschmelzen, und der Wunsch, sich von ihr zu entfernen und autonom zu werden, zwei gleichzeitig vorhandene und widerstreitende emotionale Bedürfnisse. Der tröstliche Aspekt, sich mit der Mutter zu vereinen, kann für den Teil des Kindes, der sich zur Eigenständigkeit entwickelt, als potentiell gefährlich empfunden werden. Umgekehrt können die Unabhängigkeitsbestrebungen das Bedürfnis nach Nähe bedrohen.

Da Mütter historisch die Funktion der wichtigsten Bezugspersonen einnehmen, erleben kleine Kinder den Vorgang der Trennung das erste Mal, wenn sie ihre eigene Identität von der ihrer Mütter unterscheiden lernen. Im allgemeinen erfahren kleine Mädchen den Unterschied zwischen sich und ihrer Mutter in einem Kontext der Gleichheit, da beide weiblichen Geschlechts sind. Dagegen unterscheiden Jungen ihre Identität zuerst in einem Kontext des Andersseins, weil sie männlich sind. Dieser Unterschied beeinflußt das Selbstbewußtsein des Kindes.

Nach Ansicht von Nancy Chodorow, der Autorin des Buches *Das Erbe der Mütter*, muß ein Mädchen, das erkennt, daß es sich von seiner Mutter unterscheidet, die Eigenschaften in sich, die mutter-ähnlich und deshalb weiblich sind – wie emotionale Verbundenheit, Wärme und Zärtlichkeit –, nicht leugnen. Aber wenn sich ein kleiner Junge von seiner Mutter absondert, beginnt er, sich mit seinem Vater (oder einem anderen Mann) zu identifizieren, und muß sich demzufolge wesentlich strikter von seiner Mutter abgrenzen. Um sich als Junge zu fühlen, kann er sich nicht mit weiblichen Qualitäten identifizieren. Diese unterschiedlichen Trennungsmuster schaffen in der Psyche von Jungen und Mädchen die Grundlage für die weitreichenden Geschlechtsunterschiede, die von den Erblasten individueller Familien und von der Kultur allgemein aufrechterhalten werden.

Kinder werden von diesen Unterschieden in vielerlei Hinsicht beeinflußt. Welchen Einfluß sie auf die moralische Entwicklung und auf die Problemwahrnehmung ausüben, erklärt die Psychologin Carol Gilligan in ihrem Buch *Die andere Stimme:* Wenn ein Mädchen beispielsweise ein Problem lösen soll, steht die Erhaltung der Beziehung dabei meist im Vordergrund. Ein Junge dagegen betont eher die ethische Dimension einer Entscheidung, ohne auf die Beziehung zu achten. Demzufolge hält man Frauen im allgemeinen noch immer für ungeeignet, wenn es darum geht, harte Entscheidungen zu treffen. Geschlechtsbedingte Vorurteile wie «Mädchen sind schwach» und «Jungen weinen nicht» können aus dem Unverständnis für die entwicklungsbedingten Unterschiede entstehen, die bei der Trennung von der Mutter auftreten. Außerdem wird die moralische Entwicklung von Mädchen im Vergleich zu der von Jungen unterbewertet. Vorurteile können als Teil der emotionalen Erblast weitergegeben werden.

Eine wichtige Methode, mit der Sie diese Entwicklungsdifferenzen ausgleichen können, besteht darin, daß Väter sich aktiv bei der täglichen Versorgung und Erziehung der Kinder engagieren. Wenn Vater und Mutter sich gleichermaßen um ein Kind kümmern, haben Jungen und Mädchen eher die Möglichkeit, gleichzeitig warm und zärtlich oder stark und unabhängig zu sein.

Wo setzen Sie Ihre Grenzen?

Um Ihre Fähigkeiten auf diesem Gebiet einzuschätzen, sollten Sie sich folgende Fragen stellen:

1. Respektiere ich mein Kind als eigenständiges, von mir getrenntes Wesen mit eigenen Gedanken und Gefühlen?
2. Halte ich meine eigenen Grenzen aufrecht, auch wenn mein Kind dagegen protestiert?
3. Helfe ich meinem Kind, sich über seine eigenen Gefühle klarzuwerden?

4. Verwende ich Ich-Sätze, um meine Gefühle zu vermitteln?
5. Sind meine Grenzen vage oder rigide?
6. Behindere ich die seelische Entwicklung meines Kindes, weil ich geschlechtsspezifische Verhaltensnormen verinnerlicht habe?

Im nächsten Kapitel wollen wir zeigen, daß die drei Regeln, wenn sie gleichzeitig angewendet werden, eine Methode darstellen, die es uns ermöglicht, die emotionalen Erblasten, die die Entwicklung unserer Kinder beeinträchtigen, zu erkennen und zu überwinden. Der Elternprozeß gibt uns die Mittel an die Hand, um den ständigen Wechsel zwischen familiärer Nähe und individueller Unabhängigkeit erfolgreich zu bewerkstelligen.

KAPITEL 8

Eine neue Art des Kontaktes: Der Elternprozeß in Aktion

Die menschliche Geschichte wird mehr und mehr zu einem Wettrennen zwischen Erziehung und Katastrophe ... die Vergangenheit ist nur der Anfang eines Anfangs, und alles, was ist und war, nur das Zwielicht der Morgendämmerung. Ein Tag wird kommen, an dem Wesen, die jetzt verborgen in unseren Gedanken und versteckt in unseren Lenden schlummern, auf der Erde stehen werden, wie man auf einem Fußschemel steht, und sie werden lachen und mit den Händen nach den Sternen greifen.

H.G. Wells, Die offene Verschwörung

Familiäre Gefühlsströmungen sind ständig im Wandel begriffen. Wir erleben Zeiten voller Liebe, Verständnis und Nähe ebenso wie Momente, in denen Schmerz und Wut vorherrschen und in denen es fast unmöglich erscheint, die Differenzen und emotionalen Abgründe zu überbrücken. In solch schwierigen Zeiten ist es wichtig, daran zu denken, daß wir alle emotional verletzt sind, wenn wir uns nicht akzeptiert oder mißverstanden fühlen. Doch es ist tröstlich zu wissen, daß schwierige Situationen für eine Familie auch die Gelegenheit bieten können, ein Gefühl von Intimität und Geborgenheit zu schaffen.

Werden Konflikte fair, gleichberechtigt und mit Respekt vor

den individuellen Differenzen gelöst, so entsteht zuverlässige Nähe. Natürlich ist es leicht für uns, darüber zu reden, wie man einen Streit schlichtet oder einen Familienkonflikt löst, aber wie kann man im Eifer des Gefechts von der Intensität des Schmerzes absehen und den Überblick bewahren? Die Antwort liegt darin, den Elternprozeß auf die speziellen Probleme Ihrer Familie anzuwenden.

Konflikte lösen: Wie man die drei Regeln anwendet

Als Seth neun Jahre alt war, bekam er auf seinen eigenen Wunsch Klavierstunden. Irgendwann fiel Tom auf, daß Seth keine rechte Lust mehr zum Üben zu haben schien, und wenn er sich doch daran machte, ließ er sich leicht entmutigen. Außerdem merkte Tom, daß die Situation in ihm alte Erinnerungen wachrief: Auch er hatte sich als Junge beim Klavierspielen oft mutlos und allein gelassen gefühlt.

Wäre sich Tom über seine eigenen ungelösten Emotionen nicht im klaren gewesen, hätte er vielleicht zu Seth gesagt: «Hör mal, du mußt lernen, deinen Frust zu überwinden, deshalb mußt du jetzt um so mehr üben. Du lernst es nur, wenn ich dich dazu zwinge. Ich stelle die Regeln auf – du machst weiter mit den Klavierstunden. Ich finde Klavierspielen wichtig, und du wirst es lernen.»

Statt dessen beschloß Tom, erst einmal zu seinem Elterntagebuch zu greifen (siehe Kapitel 3). Seine Eintragung lautete:

> «Seth will nicht üben, weil er das Gefühl hat, nicht weiterzukommen. Auf einer Skala von 1 bis 10 stufe ich den Grad meiner Betroffenheit bei etwa 8 ein. Ich weiß, wenn ich mit ihm rede, solange ich so aufgeregt bin, bringt uns das Gespräch nicht weiter, deshalb warte ich lieber ab und überlege, welcher Teil meiner Erblast hier aktiviert worden ist. Ich erinnere mich daran,

daß ich mich beim Üben oft frustriert, hilflos und allein gefühlt habe. Ich kam zu dem Schluß, daß ich einfach unbegabt war. Mein Vater erzählte mir dauernd, daß niemand in unserer Familie musikalisch war, deshalb wollte ich ihn nicht um Hilfe bitten. Ich hatte Angst, er könnte recht haben. Dadurch wurde es aber sehr schwierig, das Lernen als solches zu genießen und mir zu gestatten, ein Anfänger zu sein. Jetzt habe ich dasselbe Gefühl, wenn ich Seths Kampf am Klavier beobachte. Ich habe Angst, daß er sich ebenfalls entmutigen läßt, wenn ich ihn nicht zum Üben zwinge. Aber wenn ich mir überlege, was ich damals gebraucht hätte, dann waren es bestimmt nicht noch mehr Ratschläge oder Vorschriften. Ich wünschte, meine Eltern hätten mir geholfen zu verstehen, daß ich nicht dumm war und daß es manchmal schwierig ist, ein Instrument zu lernen. Fehler gehören zum Lernen. Ich wünschte, sie hätten mich ermutigt weiterzumachen.»

Nachdem Tom seinen Eintrag noch einmal durchgelesen hatte, fühlte er sich ruhiger, seine emotionalen Probleme waren ihm klarer, und es fiel ihm leichter, seine eigenen von Seths Problemen zu trennen. Er war sich seiner Grenzen bewußt und konnte seine eigene Erfahrung in der Vergangenheit von Seths aktuellen Schwierigkeiten unterscheiden. Wenn Seth das nächste Mal Schwierigkeiten beim Klavierüben hatte, würde er ihm bestimmt besser helfen können.

Die Gelegenheit ließ nicht lange auf sich warten. Eines Nachmittags verlief das Üben wieder besonders entmutigend, und Seth beschloß, daß er die Nase voll hatte. Er wollte aufhören – kein Klavier mehr, basta! Tom jedoch spürte, daß Seths Entschluß mehr mit seiner momentanen Frustration und seiner Unfähigkeit, sich als Anfänger anzunehmen, zu tun hatte und nicht mit seinem Interesse am Musikmachen. So gelangte Tom zu der Überzeugung, daß es eine gute Chance für Seth war zu erkennen, wie man lernt, und er war entschlossen, Seth zu helfen, das Selbstvertrauen zu gewinnen, das mit einem wachsenden Durchhaltevermögen einhergeht.

«Seth, ich finde, du solltest jetzt nicht aufhören», sagte er. «Es ist wichtig für dich, daß du weitermachst. Laß uns über deine Gefühle reden, ehe du eine endgültige Entscheidung triffst.»

«Du läßt mich nie etwas selbst entscheiden», erwiderte Seth verzweifelt. «Das ist nicht fair. Ich will aufhören!» Seine Stimme klang verletzt und wütend.

Nun war Tom klar, daß er die drei Grundregeln anwenden mußte, um einen Machtkampf mit Seth zu vermeiden. Als erstes festigte er die Bindung zwischen sich und seinem Sohn. Er drohte weder damit, ihm seine Liebe zu entziehen (was für Seth bedeutet hätte, daß er emotional im Stich gelassen worden wäre), noch versuchte er, Seth zum Üben zu zwingen (was einem Übergriff gleichgekommen wäre). Er gab Seth einfach Gelegenheit, seine Gefühle auszudrücken.

Um eine fruchtbare Diskussion anzuregen, mußte Tom zunächst damit anfangen, Seths Gefühle zu spiegeln. Wenn Seth merkte, daß sein Vater ihm wirklich zuhörte, würde er auch eher bereit sein, seinerseits den Standpunkt seines Vaters anzuhören und an einer Lösung mitzuarbeiten, die beide Seiten zufriedenstellen könnte.

Spiegeln bahnt den Weg zur Wiedergutmachung. Sobald Sie die Gefühle Ihres Kindes spiegeln, spürt es, daß Sie willens sind, einen möglichen Schaden zu beheben. Dies ist immens wichtig, denn erst wenn das Kind überzeugt ist, daß es für seine Gefühle offene Ohren findet, kann es über den eigentlichen Kern des Problems sprechen. Außerdem weiß es dann, daß sein Standpunkt nicht unter den Teppich gekehrt, sondern ernst genommen wird, und fühlt sich nicht mehr allein oder im Stich gelassen.

Also begann Tom mit dem Spiegeln: «Ich sehe, daß du echt wütend bist und daß du das Gefühl hast, es ist unfair von mir, dich zum Klavierspielen zu bringen, obwohl du es nicht willst. Anscheinend ist es sehr frustrierend für dich, dieses neue Stück zu üben.»

Sofort kam von Seth ein tiefer Seufzer der Erleichterung, der zeigte, daß Seth sich verstanden fühlte. Jetzt spürte Tom, daß sie in die Diskussion eintreten konnten. Dabei behielt er vor allem Regel 3 im Hinterkopf: Seth war eine eigenständige Person, er hatte ein Recht auf seine eigenen Gefühle. Um eine für beide annehmbare Lösung zu finden, mußte er daran denken, daß sie auch für Seth fair und gleichberechtigt ausfallen mußte. Tom wünschte sich zwar, daß sein Sohn Klavier spielen lernte, aber er wußte, wieviel wichtiger es war, daß Seth sich dabei wohl fühlte und Spaß hatte.

«Sieh mal», sagte Tom, «ich glaube nicht, daß es eine gute Idee ist, aufzuhören, weil man eine schwierige Passage erst mal nicht richtig hinkriegt. Erst neulich hast du mir gesagt, wieviel Spaß dir der Unterricht macht, auch wenn du das Üben weniger angenehm findest. Ich möchte nicht, daß du ausgerechnet jetzt aufhörst. Ich helfe dir gern bei dem schwierigen Stück.»

«Aber was ist, wenn ich gar nicht wegen der schwierigen Stelle aufhöre?» entgegnete Seth. «Was ist, wenn ich einfach nicht Klavier spielen will?»

«Tja, ich denke, wenn du wirklich aufhören willst, ist das in Ordnung, die Entscheidung soll bei dir liegen. Aber ich möchte, daß du noch drei Monate mit dem Unterricht weitermachst. Ich helfe dir, wenn es schwierig wird. Wenn du dann immer noch aufhören willst, bin ich damit einverstanden.»

«Ich denke, das ist fair», stimmte Seth zu.

Er machte wirklich weiter, und mit Toms Unterstützung verstand er den Lernprozeß Stück für Stück immer besser. Schließlich hörte er jedoch mit dem Klavier auf und begann Saxophon zu spielen, was ihm großen Spaß macht. Heute ist er Mitglied der Jazzband in seiner High School.

Hätte Tom autoritär gehandelt und Seths Recht auf seine eigenen Gefühle mißachtet, hätte sich unser Sohn allein gelassen und möglicherweise vor die Wahl gestellt gefühlt, sich entweder zu fügen oder zu rebellieren. Wenn er sich gefügt hätte, hätte das seine Freude an der Musik mit Sicherheit beeinträchtigt. Hätte er rebelliert, um wenigstens ein geringes Maß an Kontrolle über sein eigenes Schicksal zu behalten, wäre ihm die Erfahrung des Musizierens gänzlich verwehrt geblieben und er hätte zusätzlich vielleicht auch noch ein destruktives Verhaltensmuster gelernt. Beides hätte ihn von seinem eigenen Gefühl getrennt und dadurch sein Selbstbewußtsein ausgehöhlt, das nur intakt bleibt, wenn ein Mensch auch dann zu seinen Gefühlen stehen darf, wenn sie sich nicht mit denen der Umgebung im Einklang befinden.

Die Art, wie Tom Seths Eigenständigkeit unterstützte, entscheidet sich aber auch grundsätzlich vom permissiven Erziehungsstil. Ein antiautoritärer Vater könnte beispielsweise sagen: «Okay, du willst aufhören mit dem Klavierunterricht. In Ordnung. Es ist deine Entscheidung. Ich möchte, daß du das tust, was du willst, wann immer du es willst.» Dieser Ansatz läßt das Kind mit seiner Entscheidung allein und schwächt die Eltern-Kind-Bindung. Das Kind ist allein, ohne emotionalen Anker.

Wir sehen deutlich, wie die drei Grundregeln Tom dabei geholfen haben, seine eigenen Erblasten richtig einzuschätzen und demzufolge angemessener auf Seths emotionale Bedürfnisse einzugehen. Das Tagebuch ermöglichte es Tom, seine eigenen Probleme zu definieren; danach konnte er mit Hilfe der Regeln den Teufelskreis durchbrechen. Nun erfuhr Seth sich selbst und die Beziehung zu seinem Vater ganz anders, als Tom es von seinem eigenen Vater her gewohnt war. Seth war frei von Toms emotionaler Erblast.

Grenzen setzen

Je besser Sie den Elternprozeß verstehen, desto leichter wird es, Familienregeln aufzustellen und auch durchzusetzen.

Oft kennt ein Kind keine andere Möglichkeit, seine Gefühle auszudrücken, als durch sein Verhalten. Vielleicht fehlen ihm die

Worte, mit denen man Gefühle beschreibt, vielleicht sind ihm seine Gefühle nicht bewußt. Als Eltern ist es unsere Aufgabe, die Emotionen, die unsere Kinder uns mitteilen oder die wir an ihnen beobachten, zu akzeptieren und zu reflektieren, aber auch Grenzen zu setzen, wenn das Verhalten eines Kindes unannehmbar ist.

Grenzen zu setzen ist nicht das gleiche wie strikte Disziplin, bei der es um Strafe und Kontrolle geht. Durch Grenzensetzen lernt das Kind angemessenes Verhalten, durch angemessenes Spiegeln wird sein Selbstwertgefühl geschützt. Autoritäre Disziplin verhängt Strafen und Konsequenzen für Verhaltensweisen, die den Eltern nicht gefallen, und verletzt dabei nur allzuoft das Selbstwertgefühl des Kindes.

Doch auch wenn wir klare Grenzen setzen, müssen wir natürlich damit rechnen, daß unsere Kinder sie nicht auf der Stelle akzeptieren, sondern erst eine Weile austesten. Daß Sie Stellung beziehen, heißt nicht, daß Ihre Kinder automatisch darauf eingehen. Im Gegenteil – sie werden Ihre Regeln in Frage stellen und sich auch weiterhin inakzeptabel verhalten. Das ist vollkommen normal. Indem das Kind immer wieder ausprobiert, wie weit es gehen kann, vergewissert es sich, daß die Eltern sich an die Regeln halten, die sie aufgestellt haben, und Konsequenz in dieser Hinsicht wird vom Kind als Schutz und Fürsorge erfahren. Durch konsistente und angemessene Grenzen lernen Kinder, daß ihre Eltern für sie emotional verfügbar sind. Schließlich verinnerlichen sie dann auch die Regeln, so daß sie, wenn sie heranwachsen, für sich selbst sorgen können.

Mit Hilfe der drei Grundregeln des Elternprozesses können Sie aus dem Grenzensetzen einen Vorgang machen, in dem Sie als Wächter der kindlichen Interessen auftreten und nicht als sein Gegner in einem unerquicklichen Kampf um die Macht. Cynthia, ihr zweiter Ehemann Robert und Cynthias zehnjährige Tochter Gayle benutzten den Elternprozeß, um Grenzen einzuführen und mehr familiäre Nähe zu erreichen.

Als wir Cynthia kennenlernten, machte sie sich wegen Gayles Verhalten große Sorgen. Gayle hatte eine wirkungsvolle Waffe entdeckt: die Fähigkeit, die Verbindung zwischen ihrer Mutter und ihrem Stiefvater zu stören.

Für Robert war es sehr wichtig, daß Gayle ihn mochte und als Teil der neu entstandenen Familie akzeptierte. Um Fehler im Umgang mit ihr zu vermeiden und die Beziehung zu ihr nicht unnötig zu belasten, setzte er ihr möglichst wenig Grenzen. Seine Lösung für Konflikte bestand darin, daß er seiner Frau die gesamte Erziehung überließ. Er hoffte, daß Gayle ihn so am ehesten akzeptieren würde.

Cynthia fühlte sich überlastet und ärgerte sich über Robert, weil er sich weigerte, Verantwortung zu übernehmen und Gayle gelegentlich auch einmal zurechtzuweisen. In ihrer Kindheit hatte Cynthia die Rolle von Mutters kleiner Helferin übernommen. Sie war das brave Mädchen, das für das Wohlbefinden anderer Familienmitglieder verantwortlich war. Und nun wiederholte sie diese Rolle als erwachsene Frau mit Robert.

Beim ersten Beratungsgespräch beschrieb Robert, was passiert war, als er einmal versucht hatte, Cynthias Regeln durchzusetzen. Robert hatte Gayle aufgefordert, sich nicht vor den Fernseher zu setzen, bevor ihre Hausaufgaben nicht erledigt waren.

Gayle: Ich will meine Hausaufgaben aber jetzt nicht machen. Das kann ich auch später.

Robert: Wäre es nicht besser, sie erst zu erledigen und dann fernzusehen?

Gayle: Nein. Ich will die Bill Cosby Show sehen.

Robert: Ich möchte aber, daß du auf mich hörst.

Gayle: Du bist nicht mein Vater. Du kannst mir nichts vorschreiben, und ich brauche auch nicht auf dich zu hören, wenn ich nicht will.

An diesem Punkt verließ Robert ratlos das Zimmer.

Tom fragte Robert, wie alt er sich bei diesem Gespräch gefühlt hatte. Robert antwortete lachend, er habe sich wie ein frustrierter Dreijähriger gefühlt. Darauf wollte Tom wissen, ob Robert sich erinnern konnte, welche körperlichen Empfindungen er in der Situation gehabt hatte, und Robert erwiderte, sein Herz habe wie wild gepocht und er habe die Zähne aufeinandergebissen. Außerdem habe er die Luft angehalten und das Gefühl gehabt, gar nicht ganz da zu sein, sondern seltsam distanziert. Damit zählte er die klassischen Anzeichen einer Fragmentierung auf (siehe Kapitel 3).

Tatsächlich hatte Gayles Verhalten ihren Stiefvater in dessen Kindheit zurückversetzt. Wie sollte Robert reagieren, wenn eine derartige Situation das nächste Mal auftauchte? Wir rieten ihm, eine Auszeit zu nehmen und in dieser «Verschnaufpause» tief und ruhig durchzuatmen. Danach sollte er sich im Zimmer umsehen und rasch nacheinander einige Gegenstände im Zimmer und ihre Farbe nennen – ein bewährtes Mittel, um sich ins Hier und Jetzt zurückzubringen. Zuletzt schlugen wir vor, Robert sollte in seinem Tagebuch die Emotionen des Streits mit den aus seiner Kindheit auftauchenden Gefühlen vergleichen.

In der folgenden Woche brachte Robert sein Tagebuch mit, in das er geschrieben hatte:

> «Ich erinnere mich, daß ich mich meiner Mutter gegenüber oft hilflos gefühlt habe, daß sie mich häufig kritisiert hat, und auch die körperlichen Empfindungen sind ähnlich. Ich kann mich an kein bestimmtes Ereignis erinnern, aber das Gefühl ist dasselbe: Es war schwer, ihre Aufmerksamkeit zu gewinnen, und wenn sie sich mit mir beschäftigte, war sie meistens ärgerlich oder hat an mir herumgenörgelt.»

Nachdem Robert seine Gefühle gegenüber Gayle mit seinen Kindheitserfahrungen in Zusammenhang gebracht hatte, war er bereit, sich mit den Regeln des Elternprozesses zu befassen. Er lernte sehr schnell.

Erwartungsgemäß entbrannte der Konflikt in der darauffolgenden Woche, als es Zeit für die Bill Cosby Show war, von neuem.

Aber diesmal ging Robert anders mit der Situation um:

Robert: Gayle, du hast mit deiner Mutter und mir die Abmachung getroffen, daß du erst fernsiehst, wenn du deine Hausaufgaben erledigt hast.

Gayle: Das ist mir doch vollkommen schnuppe. Du bist nicht mein Vater. Du kannst mir nichts befehlen.

Robert spürte, wie sein Kiefer sich verspannte. Aber statt hilflos aus dem Zimmer zu laufen (was die Bindung zwischen ihm und Gayle gefährdet hätte), holte er tief Luft und nahm sich vor, Gayle zu spiegeln.

Robert: Weißt du, ich seh dir an, wie wütend du bist, weil du deine Lieblingssendung womöglich nicht sehen kannst.

Gayle: Ich bin wütend, ja. Ich möchte lieber fernsehen, als diesen blöden Aufsatz schreiben.

Robert fuhr fort, Gayles Zorn zu spiegeln.

Robert: Manchmal fällt es einem schwer, Hausaufgaben zu machen, wenn man sich statt dessen viel lieber amüsieren möchte. Komm, ich möchte, daß du gleich anfängst.

Gayle: (mit mürrischer und haßerfüllter Stimme) Na gut. Aber ich hab wirklich überhaupt keine Lust.

Robert hielt sich an Grundregel 3 und gestand Gayle ihren Zorn zu. Er versuchte nicht, ihr eine bessere Laune einzureden oder sie zu zwingen, die Hausaufgaben gern zu machen.

Es ist wichtig, immer im Gedächtnis zu behalten, daß das Grenzensetzen das *Verhalten* des Kindes ändern soll, nicht seine *Gefühle*. Wenn Sie weiter spiegeln, anstatt sich auf einen Kampf einzulassen, und nicht versuchen, ihrem Kind andere Gefühle einzureden, so verläuft der Meinungsaustausch für alle Beteiligten wesentlich zufriedenstellender. Die Gefühle Ihres Kindes ändern sich ganz selbstverständlich, wenn Sie es respektvoll behandeln.

Angemessene Konsequenzen

Grenzensetzen ist deutlich effektiver, wenn Sie dabei die Grundregeln des Elternprozesses beherzigen. Regel 1 sorgt dafür, daß die Konsequenzen, die Sie für angemessen und durchsetzenswert erachten, weder emotionale Übergriffe noch ein Im-Stich-Lassen androhen und daß die Bindung zwischen Ihnen und Ihrem Kind erhalten bleibt. Regel 2 ermöglicht Ihnen, auch während des Grenzensetzens die Gefühle Ihres Kindes zu verstehen und anzuerkennen. Regel 3 schließlich ermöglicht es Ihnen, Grenzen zu setzen und Konsequenzen zu ziehen, ohne dabei das Selbstwertgefühl Ihres Kindes zu verletzen. Wenn Sie sich und Ihr Kind als eigenständige, getrennte Wesen akzeptieren, mißverstehen Sie sein Fehlverhalten nicht als einen Angriff auf Sie persönlich, sondern als Ausdruck seines Standpunktes. Die Konsequenzen, die Sie ziehen, entstehen nicht aus Ihrem schlechten Gewissen oder Ihrem unangemessenen Ärger und Ihrer Fragmentierung, sondern aus Ihrem Gespür dafür, was jetzt, in diesem Moment, angemessen ist.

Angemessene Konsequenzen unterstützen das Grenzensetzen, indem sie dem Kind zeigen, daß unerwünschtes Verhalten unerwünschte Folgen nach sich zieht. Eine angemessene Konsequenz

- steht mit dem Verhalten des Kindes in Zusammenhang,
- besitzt für das Kind eine Bedeutung,
- und ist von kurzer Dauer.

Beispielsweise sagt Bev ihrem achtjährigen Sohn Ricky: «Ich verstehe, daß du nicht gern ins Bett möchtest, aber wenn du weiterhin so ein Theater machst, darfst du morgen abend nicht fernsehen.» Bev hat eine Grenze gesetzt und eine angemessene Konsequenz angekündigt. Erstens hat das Fernsehen direkt etwas mit Rickys Verhalten zu tun. Zweitens ist es für den Jungen wichtig. Und drittens wird ihm das Fernsehen nur für einen Abend gestrichen und nicht für den Rest seines Lebens. Wenn Ricky sich weiterhin mit Bev streitet, muß sie diese Konsequenz allerdings auch strikt durchziehen. Tut sie dies nicht, wird Rickys Aufstand weitergehen und wahrscheinlich noch schlimmere Formen annehmen. Wenn Sie für die Nicht-Einhaltung einer Regel eine Konsequenz benennen, ist es wichtig, daß Sie sich auch daran halten. Sonst glauben Ihnen Ihre Kinder nicht mehr und testen Ihre Regeln um so hartnäckiger aus.

Aus Sicht der Verhaltenspsychologen – die sich damit befassen, wie ein Mensch ein bestimmtes Verhalten erlernt – läßt sich dieses Phänomen wie folgt erklären. Eltern verstärken das Verhalten Ihrer Kinder auf drei Arten:

- *Positive Verstärkung*: um eine Verhaltensweise zu verstärken, wird diese belohnt.
- *Negative Verstärkung*: um eine Verhaltensweise zu unterbinden, sorgt man dafür, daß sie negative Konsequenzen nach sich zieht.
- *Intermittierende (wechselnde) Verstärkung*: Verhalten wird entweder positiv oder negativ verstärkt, aber inkonsistent. Intermittierende Verstärkung ruft die hartnäckigsten Verhaltensmuster hervor, weil die Kinder nie genau wissen, mit welcher Reaktion sie rechnen müssen. Um eine konsistente Reaktion hervorzurufen, probieren sie die Verhaltensweise immer wieder von neuem aus.

Oft versucht ein Kind per Austesten herauszufinden, ob Sie sich konsequent verhalten. Da sich durch intermittierende Verstärkung ein Verhaltensmuster jedoch am stärksten einfährt, ist es wichtig, daß sich Eltern sowohl beim Grenzensetzen als auch bei den Konsequenzen so konsistent wie möglich verhalten, um unnötiges Austesten zu vermeiden.

Marilyn, die Mutter des vierjährigen Brian, kam mit folgendem Problem in einen unserer Workshops: Sie und Brian wohnten mit zwei anderen Erwachsenen in einem Haus, und Marilyn machte sich Sorgen, daß ihre Mitbewohner sie hinauswerfen würden, wenn Brian beim Zubettgehen zuviel Theater veranstaltete. Diese

Sorgen führten dazu, daß Marilyn beim Zubettbringen zwischen äußerster Strenge und Nachgiebigkeit schwankte. Dadurch verstärkte sie Brians Bedürfnis, die Situation auszutesten, und der Lärmpegel ihrer abendlichen Auseinandersetzung stieg.

Wir erklärten Marilyn, wie wichtig es ist, konsequent zu sein, und ermutigten sie, ihre Mitbewohner in den Prozeß mit einzubeziehen und sie zu informieren, daß es die nächsten Abende etwas lauter werden konnte, da sie vorhatte, ihre Regeln durchzusetzen. Die ersten beiden Abende verliefen tatsächlich recht turbulent, doch schon am dritten ließ Brians Widerstand nach. Bis zum Wochenende verhielt er sich durchweg kooperativ.

Das Lösen von Geschwisterkonflikten

Patricia und Tony kamen zu unserem Workshop, weil ihre beiden Kinder Dean (12) und Beth (8) sich ständig darüber stritten, ob Beth mit Dean spielen durfte. Manchmal erlaubte er es ihr, dann wieder war er gemein zu ihr, beschimpfte und hänselte sie. Wenn sie weiter bettelte: «Bitte, bitte, laß mich mit dir spielen», gab der große Bruder dann entweder doch nach, oder aber er schubste sie wütend weg. Patricia und Tony hatten den beiden schon tausendmal gesagt, sie sollten sich vertragen, aber diese Ermahnungen fruchteten nicht, und nun waren die Eltern der Verzweiflung nahe.

Wir machten Patricia und Tony mit dem Elternprozeß bekannt. In der folgenden Woche berichteten sie ganz aufgeregt darüber, welche Erfolge sie bereits erzielt hatten. Tony erzählte, wie sie die drei Regeln angewandt hatten, um den Streit zu schlichten und Grenzen zu ziehen und Konsequenzen zu benennen.

Die Eltern hatten gemütlich im Wohnzimmer gesessen, als sie aus dem Kinderschlafzimmer lautes Gebrüll hörten. Zusammen sahen sie nach, was los war.

Beth: (heulend) Du bist gemein zu mir! Ich bin nicht doof! Ich bin kein Baby!

Dean: (lauter als Beth) Und ob du ein Baby bist! Sieh doch bloß, wie du wieder heulst! Ich spiele nicht mit blöden kleinen Babys!

Tony: Ich werde den Streit zwischen euch jetzt sofort beenden. Beth, setz dich zu mir. Dean, erzähl uns, was los ist.

Nachdem sie sich Deans Bericht angehört hatten, sagte Patricia: «Dean, du darfst deine Schwester nicht beschimpfen und hänseln. Wenn du nicht mit ihr spielen willst, brauchst du das auch nicht. Ich denke, du hast dazu nicht immer Lust. Aber wenn du sie weiter ärgerst, statt einfach nur nein zu sagen, dann laß ich dich heute abend nicht dein Computerspiel spielen.»

Tony fügte hinzu: «Beth, du hast auch deinen Anteil an eurem Problem. Es tut dir weh, wenn Dean sagt, er will nicht mit dir spielen. Aber wenn er nein sagt, bettelst du immer weiter. Mom hat die Regel aufgestellt, daß Dean ja oder nein sagen kann, aber er darf dich nicht beschimpfen und ärgern. Du mußt lernen, seine Entscheidung zu respektieren. Ich weiß, es ist schwer für dich, wenn er nein sagt, aber es ist nicht okay, wenn du ihn dann nervst. Komm zu mir oder zu Mom, dann helfen wir dir dabei, eine andere Beschäftigung zu finden. Wenn du Deans Recht, nein zu sagen, respektierst, sagt er bestimmt auch öfter mal ja.»

Dies war Tonys und Patricias erster Schritt aus der Verwirrung. Die Grenzen der einzelnen Familienmitglieder wurden respektiert. Weder Vater noch Mutter fühlten sich überrumpelt, sie brauchten beide nicht wütend zu werden (was früher des öfteren passiert war), und sie ließen auch keines der Kinder im Stich oder drangen in sein Terrain ein. Tony und Patricia hörten sich die Gefühle ihrer Kinder an und spiegelten sie, ohne daß sich eins von beiden schlecht oder im Unrecht fühlte. Sie ließen zu, daß beide Kinder ihre eigenen Gefühle und Bedürfnisse hatten. Patricia und Tony benutzten Ich-Sätze und setzten vernünftige Grenzen. Sie benannten Konsequenzen, die effektiv, aber nicht zu streng waren. So sieht der Elternprozeß in Aktion aus.

Das Erbe wird durchbrochen

Jennifer und Jeff wurden von ihrem Hausarzt zu uns geschickt, weil dieser glaubte, sie könnten von einem Elternkurs profitieren, nachdem sie ihm ihre Sorgen wegen ihrer vierjährigen Tochter Naomi mitgeteilt hatten. Das Mädchen hatte vor kurzem wieder angefangen, ihre Schmusedecke mit sich herumzuschleppen und am Daumen zu lutschen.

In vielerlei Hinsicht waren Jennifer und Jeff die typischen modernen, überlasteten, berufstätigen Eltern: Jennifer eine erfolgreiche Rechnungsprüferin, Anfang vierzig, Workaholic und Juniorpartnerin in einer großen Firma, die auch nach der Geburt ihrer Tochter der Arbeit nur einen Monat ferngeblieben war, ihr Ehemann Jeff war ein renommierter Orthopäde am Bezirkskrankenhaus.

Man konnte sicher behaupten, daß Naomi ein Wunschkind war. Ihre Eltern hatten nicht nur die Empfängnis genauestens geplant, sondern sich schon lange vor ihrer Geburt Gedanken darüber gemacht, was für ein wunderbares Leben ihr Kind führen würde. Sie wußten, in welche Gymnastikgruppe es gehen würde, sie hatten den besten Schwimmkurs ausgesucht und es zwei Monate vor der Geburt auf die Warteliste der angesehensten Vorschule der ganzen Stadt setzen lassen.

Zwar wußte Naomi nichts davon, aber ihre Eltern waren sicher, daß sie die klügste und erfolgreichste Schülerin des Abschlußjahrgangs 2008 sein würde. Ungefähr das einzige, worüber sie sich bisher nicht hatten einigen können, war die Frage, ob Naomi die Universität ihrer Mutter oder die ihres Vaters besuchen sollte.

In ihrem Bestreben, ein perfektes Leben für ihr Kind vorzubereiten, vergaßen Jennifer und Jeff, Platz für das zu lassen, was Naomi wollte. Um sich vor den überwältigenden Ansprüchen ihrer Eltern zu schützen, war Naomi deshalb in ein früheres Entwicklungsstadium geflohen. Indem sie sich benahm wie eine Dreijährige, versuchte sie sich dem Druck ihres Lebens als Vierjährige zu entziehen. Naomi war ein Streßopfer im Vorschulalter.

Jennifer und Jeff stammten aus ähnlichen Verhältnissen: aus Familien, in denen hohe Leistungsansprüche gestellt wurden. Jeff hatte nie darüber nachgedacht, ob er Medizin studieren wollte – jeder war davon ausgegangen, daß er in die Fußstapfen seines Vaters treten würde. Jennifers Eltern hatten sie immer angespornt, ihr Bestes zu geben, und ihr eingeschärft, bei allem, was sie tat, Perfektion anzustreben.

Nachdem wir das Wichtigste über Jennifers und Jeffs Familiengeschichte und Naomis derzeitige Situation wußten, war klar, daß die Eltern ihrer Tochter das Erbe ihres eigenen Leistungsdrucks weitergaben. Wir erklärten ihnen, daß Naomis Verhalten eine Botschaft an sie darstellte: «Ich stehe zu sehr unter Druck.» Genaugenommen kam es uns so vor, als stünde die ganze Familie zu sehr unter Druck.

Nachdem Jennifer und Jeff sich mit dem Elternprozeß vertraut gemacht hatten, begannen sie, Naomis Verhalten nicht mehr als Problem, sondern als Versuch anzusehen, ihre Gefühle auszudrükken. Als sie Regel 1 zur Eltern-Kind-Bindung kennenlernten, merkten sie, daß eine Bindung, die dem Kind nicht erlaubt, zu spielen, spontan zu sein, seine kindliche Kreativität und Phantasie auszuleben, eher einer Fessel ähnelt. Mit Hilfe von Regel 1 konnten Jennifer und Jeff ihre kontrollierende Einstellung gegenüber ihrer Tochter lockern.

Ein klarer Übergriff auf ein Kind besteht darin, daß man versucht, sein Leben zu bestimmen. Einem Kind Anregungen zu bieten, die Spaß machen, es aber auch vor angemessene Anforderungen zu stellen, ist alles gut und richtig, aber es zu überlasten, indem man seine gesamte Freizeit verplant, ist falsch. Spielen ist *die* wichtigste Erfahrung im Leben eines Kindes. Im Spiel lernen Kinder, wer sie sind, üben das Verhältnis zu Gleichaltrigen und lernen die Welt kennen.

Aufgrund ihres Familienerbes hatte niemand je Jennifers und Jeffs Gefühle gespiegelt, und so hatten sie das Verfahren auch nie bei ihrer Tochter angewandt, sondern sich ausschließlich auf Leistung und Erfolg konzentriert. Durch Regel 2 lernten sie, Naomi aktiv zuzuhören und ihr Kind wirklich kennenzulernen. Als die Eltern begannen, sich um die wahren Bedürfnisse ihres Kindes zu kümmern, entdeckten sie, daß Naomi wenig Interesse für ihren Tanzkurs oder den Computerlehrgang aufbrachte. Sie wollte viel lieber mit ihren Freundinnen spielen und sich mit ihnen verkleiden. Sie wollte malen, aber ohne daß ihre Bilder danach beurteilt wurden, wie gut man das Dargestellte erkennen konnte. Sie wollte im Sandkasten spielen, den Sand mit Wasser aus dem Gartenschlauch vermischen und Schlammkuchen backen.

Als ihre Eltern begannen, die Vorlieben und Abneigungen ihres Kindes zur Kenntnis zu nehmen, fühlte sich Naomi wahrgenommen und emotional immer geborgener. Bald war das Daumenlutschen kein Thema mehr, und die Schmusedecke verschwand in der Mottenkiste.

Bis zu dieser Krise hatten Jeff und Jennifer ihrer Tochter ihren Lebensstil aufgedrängt; ihr Leben war ausgefüllt mit strukturierten Aktivitäten und dem Drang, etwas zu leisten. Wir vermuteten, daß die beiden so überaus beschäftigten Eltern auf eine Gesundheitskrise zusteuerten, aber anders als Naomi konnten sie sich nicht vor übermäßigem Streß schützen, indem sie wieder ein Baby wurden. Für Körper und Psyche eines Erwachsenen bleibt oft nur die Flucht in die Krankheit.

Naomi und ihre Eltern brauchten gemeinsame Zeit. Allmählich verlor die Leistungsbezogenheit ihre alles überragende Priorität, und das emotionale und familiäre Leben, der Spaß in der Familie gewann immer mehr die Oberhand. Regel 3 half ihnen, die emotionalen Unterschiede der einzelnen Familienmitglieder zu respektieren und vor allem Naomi die Bedürfnisse und Gefühle einer Vierjährigen zuzugestehen. Nun war sie kein ausgebranntes, überangepaßtes Kind mehr, sondern konnte ihre Neigungen und Vorlieben deutlich zeigen.

Allerdings sollte man noch anmerken, daß dieser Prozeß nicht kontinuierlich, sondern in Schüben stattfand. Es dauerte mehrere Monate, bis Jennifer und Jeff den Elternprozeß in ihren Alltag eingegliedert hatten. Gelegentlich neigten sie immer wieder dazu, Naomi übermäßig unter Streß zu setzen, und erwartungsgemäß zog sie sich dann auch wieder in ihr Babyverhalten zurück. Der Daumen wanderte in den Mund, sie wurde «klein» und zog sich zurück. Aber Jeff und Jennifer lernten, dieses Verhaltensmuster nicht als Krise oder schlechtes Benehmen zu sehen, sondern als ein Signal, einen Hinweis auf Naomis emotionales Befinden, und Schritt für Schritt lernten sie, sich Zeit füreinander zu nehmen und Spaß miteinander zu haben.

Die drei Grundregeln des Elternprozesses greifen harmonisch ineinander. Sie sind die drei grundlegenden Elemente, mit denen sich das Wohlbefinden Ihrer Kinder und schließlich Ihrer ganzen Familie herbeiführen läßt. Der Elternprozeß kann die Basis für Intimität und Autonomie in Ihrer Familie bilden. Gemeinsam bieten die Regeln eine Methode, mit der Sie die emotionalen Vorgänge in Ihrer Familie analysieren, Probleme benennen und Verletzungen heilen können. So brauchen schmerzliche Erblasten nicht länger weitergegeben zu werden. Wenn Sie den Elternprozeß in Ihr Familienleben aufnehmen, können Sie nicht nur die Weitergabe Ihrer Kindheitsverletzungen verhindern, sondern Ihren Kindern außerdem durch Ihr Vorbild zeigen, wie sie selbst einmal gute Eltern werden.

KAPITEL 9

Ausblick in die Zukunft

Der Frieden zwischen den Nationen
muß auf der soliden Grundlage der Liebe
zwischen den einzelnen Menschen ruhen.

MAHATMA GANDHI

In Familien, in denen der Elternprozeß angewendet wird, entstehen offene Formen von Gemeinsamkeit, die sich auf gegenseitige Anerkennung und Gleichberechtigung gründen. Die Erfahrungen, die wir während unserer Kindheit in unseren Familien machen, beeinflussen die Art und Weise, wie wir als Erwachsene innerhalb der Gesellschaft agieren. Als Erwachsene werden sich unsere Kinder mit zahlreichen Problemen auseinandersetzen müssen, beispielsweise mit rigiden Institutionen, mit Ungerechtigkeit, Armut, politischer Instabilität und einer im Wechsel begriffenen globalen Ökonomie. Wenn Ihre Kinder nicht dazu erzogen wurden, sich der elterlichen Autorität zu beugen, sondern durch den Elternprozeß gelernt haben, sich selbst zu vertrauen, sind sie besser auf die Unbeständigkeit der Gesellschaft vorbereitet, in der sie als Erwachsene leben müssen.

Gleichberechtigung

Wenn Kinder im Alltag von Erwachsenen als gleichwertige Persönlichkeiten anerkannt werden, wird Gleichberechtigung eine erfahrbare Realität und bleibt nicht nur ein intellektuelles Ideal. Allen Familienmitgliedern sollten – unabhängig von Größe, Alter oder Geschlecht – die gleichen Rechte und Möglichkeiten zugestanden werden. Der Elternprozeß sorgt dafür, daß die emotionale Erfahrung eines jeden Familienmitgliedes respektiert und berücksichtigt wird, selbst wenn es dabei Differenzen gibt.

Weil Menschen dazu neigen, andere so zu behandeln, wie sie selbst behandelt worden sind, glauben wir, daß Kinder aus Familien, in denen der Elternprozeß umgesetzt wurde, später auch ihre Mitmenschen fair behandeln. Sie haben am eigenen Leib erfahren, was es bedeutet, als eigenständige Persönlichkeit respektiert zu werden, und diese Erfahrung wiegt schwerer als Unterschiede, die durch Rasse, Geschlecht, Religion oder ökonomische Schicht entstehen.

Familien und Flexibilität

Der Elternprozeß ist eine Vorgabe für offene Familienbeziehungen. Wenn man seine Regeln beherzigt, lernt man – unabhängig von der jeweiligen Familienkonstellation –, miteinander auszukommen, ohne die eigenen Bedürfnisse aufgeben zu müssen. Statt rigide Beziehungsmuster und Rollen weiterzureichen, werden neue Interaktionsmöglichkeiten entwickelt. Diese beruhen auf den aktuellen Bedürfnissen der jeweiligen Familie und nicht auf althergebrachten Ritualen. Durch dieses bewußte Elternsein können Sie Herzlichkeit, Intimität und Freude vermitteln und die Einmaligkeit eines jeden Familienmitglieds schätzen lernen.

Der Elternprozeß und sozialer Wandel

Soziale Veränderungen können in der Familie beginnen, denn hier schaffen Eltern die Bedingungen für die Entwicklung emotional gesunder Individuen. Mit Hilfe des Elternprozesses können Sie Ihren Kindern helfen, ein stabiles Selbstwertgefühl aufzubauen. Ein Kind, das gelernt hat, sich selbst zu vertrauen und authentisch zu sein, wird diese positive Grundhaltung auch als Erwachsener in all seine Beziehungen einbringen.

Kinder, die unter diesen Bedingungen aufgewachsen sind, sind weder naiv noch pessimistisch, sondern sie verfügen über ein hohes Maß an Einfühlungsvermögen und Problemlösungskompetenz. Es ist unsere Hoffnung, daß sie ihre guten Gefühle in die Welt hinaustragen und das Vertrauen in die Menschheit stärken.

Familien und Gesellschaft

So wie wir lernen müssen, innerhalb der Familie mit wechselnden Stimmungen und Gefühlen zurechtzukommen, so müssen wir auch in der Lage sein, darauf zu reagieren, daß sich die Prioritäten innerhalb einer Gesellschaft verändern. Wenn Institutionen wie die lokale, kommunale und nationale Bürokratie rigide und unzugänglich werden, müssen wir versuchen, Individuen oder Gruppen zu schaffen, die Veränderung herbeiführen. Der Elternprozeß bereitet unsere Kinder darauf vor, die Institutionen zu beeinflussen, weil sie in ihrer Familie Flexibilität und Gleichberechtigung gelernt haben.

Die Gesundheit einer Gemeinschaft hängt von der emotionalen Gesundheit der Familien ab, die diese ihrerseits dem Wohlbefinden der erwachsenen und kindlichen Familienmitglieder verdanken.

Wir erfahren das Leben aus unserer individuellen Perspektive – durch unser Selbst. Aber unser Wohlbefinden läßt sich nie von dem unserer Mitmenschen trennen. Diese Lektion müssen wir lernen, ganz gleich, ob es um unsere Familie, unsere Gemeinde, unser Land oder um die Welt als Ganzes geht. Oft vergessen wir, daß wir mit allem verbunden sind, was auf unserem Planeten existiert. Wenn wir uns Fotografien der Erde ansehen, die aus dem Weltraum aufgenommen wurden, sehen wir auf den ersten Blick, wie willkürlich und künstlich nationale Grenzen sind. Ob individuell oder national – Grenzen müssen immer flexibel sein, um sowohl Autonomie als auch Verbundenheit zuzulassen. Das Problem für die Gemeinschaft der Nationen ist das gleiche wie für die Individuen innerhalb einer Familie: Wie halten wir Unabhängigkeit und Einzigartigkeit aufrecht, ohne dabei Einheit und Verbundenheit zu verlieren?

Um Hoffnung zu schöpfen, müssen wir zu der individuellen Erfahrung zurückkehren, daß es Eigenständigkeit und einfühlende Verbundenheit gibt und daß beides in der Familie verwirklicht werden kann. Wir folgen dem Aufruf von Nikos Kazantzakis in seinem Buch *Saviors of God*: «Und ich versuche zu erkennen, wie ich meinen Kameraden das Signal geben kann ... wie wir zur rechten Zeit das Richtige zueinander sagen können, ein einfaches Wort, ein Paßwort, als wären wir Verschwörer: Wir wollen uns zusammenschließen, einander festhalten, unsere Herzen miteinander verschmelzen. Laßt uns für die Erde ein Gehirn und ein Herz erschaffen, geben wir dem übermenschlichen Kampf eine menschliche Bedeutung!»

BIBLIOGRAPHIE

Brazelton, T. Berry und Cramer, Bertrand: Die frühe Bindung. Klett Cotta, Stuttgart 1994.

Bowlby, John: Attachment. Vol. 1. Basic Books, New York 1969.

Chodorow, N.: Das Erbe der Mütter. Psychoanalyse und Soziologie der Mütterlichkeit. Frauenoffensive, München 1985.

Dinnerstein, D.: The Mermaid and the Minotaur. Harper & Row, New York 1976.

Forward, S.: Vergiftete Kindheit. Elterliche Macht und ihre Folgen. Goldmann, München 1996.

Gilligan, C.: Die andere Stimme. Lebenskonflikte und Moral der Frau. dtv, München 1996.

Kaplan, L. J.: Oneness and Separateness: From Infant to Individual. Simon & Schuster, New York, 1978.

Kazantzakis, Nikos: Saviors of God. Translated by Kimon Friar. Simon & Schuster, New York 1960.

Kohut, Heinz: Wie heilt die Psychoanalyse? Suhrkamp, Fankfurt 1984.

Mahler, Margaret; Pine, S. Fred und Bergman, Anni: Die psychische Geburt des Menschen. Fischer, München 1975.

May, Rollo: Der Mut zur Kreativität. Suhrkamp, Frankfurt 1987.

Miller, Alice: Das Drama des begabten Kindes. Und die Suche nach dem wahren Selbst. Suhrkamp, Frankfurt 1979.

Neill, A.S.: Theorie und Praxis der antiautoritären Erziehung. Das Beispiel Summerhill. Rowohlt, Reinbek 1996.

Neill, A.S.: Freedom – Not License! Hart Publishing Company, Inc., New York 1966.

Public Broadcasting System, KCET, Nova, Life's First Feelings. Produktion James Lipscomb und Bill Wander, Moderation Dr. Tom Cottle.

Rogers, Carl R.: Entwicklung der Persönlichkeit. Psychotherapie aus der Sicht des Therapeuten. Klett-Cotta, Stuttgart 1998.

Rosenberg, Jack L.; Rand, Marjorie L. und Asay, Diane: Körper, Selbst und Seele. Ein Weg zur Integration. Junfermann, Paderborn 1996.

Satir, Virginia M. (1972) Peoplemaking. Science and Behaviour Books. Siehe auch: Satir, Virginia M. (1988) The New Peoplemaking. Science and Behavior Books.

Stern, D.N.: Die Lebenserfahrung des Säuglings. Klett-Cotta, Stuttgart 1994.

Wells, Herbert G.: Die offene Verschwörung. Zsolnay, P., Wien 1983.

(Bei den deutschen Titeln ist jeweils die jüngste Ausgabe genannt.)

DANKSAGUNG

Zuallererst gehen unser Dank und unsere Anerkennung an unsere Familie und unsere Freunde, von denen wir im Verlauf unserer Arbeit soviel Geduld, Verständnis und Unterstützung erfahren haben: Carrie und Bruce Anders, Susan Beckman, Harvey Bogarat, Connie Call, Nansea Cross, Sara Eddy, Ellie Farbstein, John Laird Parsons und Louise Steiner.

Wir danken Cathy Colman, die uns bei einem unserer ersten Entwürfe beraten hat, außerdem Charles Kraus, der sein Wissen und seinen Humor beisteuerte und uns half, das auszudrücken, was uns am Herzen lag, und Carolee Bogue, die für uns unermüdlich Mundpropaganda betrieb. Julia Bishop McMichael gebührt unsere Anerkennung, denn sie hat den Ausdruck «Parenting Process» («Elternprozeß») als Bezeichnung für unsere Kommunikationsmethode geprägt. Ein besonderes Dankeschön geht an Dr. phil. Ben Levine, unseren Berater, dessen sanfte Beharrlichkeit uns ermutigte, unserem sozialen Gewissen treu zu bleiben, und an Rick Sinatra, dessen Geduld und dessen Computer-Know-how uns ungezählte Arbeitsstunden ersparte. Er war immer für uns da, wenn unsere Ignoranz in Computerdingen uns zu entzweien drohte.

Danke an Sallie Gouverneur, unsere Agentin, die den Wert unserer Arbeit erkannt hat. Sie berät uns auch weiterhin, unterstützt uns und sorgt dafür, daß wir nicht vom richtigen Weg abschweifen.

Bei dieser Gelegenheit danken wir Janice Gallagher, die von Anfang an an uns und unser Konzept glaubte. Danke auch Jack Artenstein und RGA Publishing.

Wir sind Susan Golant, unserer Lektorin, zu tiefstem Dank verpflichtet. Ihre unermüdliche Arbeit hat es uns ermöglicht, unsere Ideen in eine verständliche und zusammenhängende Manuskriptform zu bringen.

Danken möchten wir außerdem Molly Edmundson und der Midtown School, in deren liebevoller und unterstützender Atmosphäre der Grundstein für dieses Buch gelegt wurde.

Ganz besonders danken wir unseren Eltern, Klienten und den Kindern, mit denen wir gearbeitet haben und die uns ihr Leben und ihre Geschichte anvertrauten. Sie waren unsere Lehrer.

Tom dankt besonders Jack Rosenberg, seinem Lehrer, Supervisor und Mentor, der Tom als Vorbild für unermüdliche Selbsterforschung diente. Danke an Lucinda Gray, die ihn beim Aufdecken seines eigenen Erbes unterstützte. Ein spezielles Dankeschön von Tom an Margie Rand, der sein Herz gehört, die sein Leben teilt und immer für ihn da ist.

Eileen dankt ebenfalls Marjorie Rand und Jack Rosenberg, ihren Lehrern, außerdem Kati Breckenridge und ganz besonders Beverly Morse für ihre Liebe, ihren Rat und Beistand.

Wir danken Toms Eltern Gloria und Pep, Eileens Eltern Ella und Harry – ihr Erbe war für uns ein wertvolles, inspirierendes Geschenk. Danke an Toms Sohn Adam und unseren Sohn Seth, deren Existenz uns geholfen hat zu wachsen.